写真アルバム

池田市の昭和

色彩の記憶

――カラー写真でたどる郷土の昭和

▲市制25周年の記念パレード　「市中パレード」のプラカードの後ろに、白髪の武田義三市長。ブラスバンドが「田中寫真場」の前に差しかかる。現在も池田駅前にある「田中写真館」である。〈菅原町・昭和39年・提供＝池田市〉

▲再開発以前の池田駅東口交差点　交差点左上、和光証券のビルを含む一画は、現在は駅前ロータリー。当時の駅舎は、その区画の奥にある。交差点右上に前ページ写真の田中写真館が、既にビルになっている。〈栄町～菅原町・昭和 49 年・提供＝池田市〉

▶高架化間もない池田駅東北側　駅舎と駅前の、今に続く再開発後の姿。ロータリーの向こうにステーションNビルが立つ。広場の時計塔の足元には、赤い電話ボックスが並んでいた。〈栄町～菅原町・昭和 62 年・提供＝池田市〉

▲**ステーションＮビルへの歩道橋の開通式**　池田駅前公園にテントを張って祝賀式を行い、開通した歩道橋を通ってビルに向かう。右ページ上段写真左にある和光証券は、立退いてこのビルに入った。〈菅原町・昭和60年・提供＝池田市〉

▶▼**ステーションＮビルがオープン**　ビルの店舗の開店は、上段写真の歩道橋開通後になった。右の写真はエスカレーター乗降口前の小広場。下の写真、着ぐるみの虎やパンダが通路で風船を配る。〈菅原町・昭和60年・提供＝池田市〉

▲◀**がんがら火の夜の商店街**　上の写真、西本町交差点付近は当時まだ商店街だった。店舗群の灯りの向こうに大文字が見える。左の写真、栄本町の商店街では、伝統の「作り人形《もん》」が人目を引く。〈上＝西本町・昭和49年・提供＝池田市／左＝栄本町・昭和48年・提供＝中井輝雄氏〉

▶**池田本町通商店街**　現在の池田職安前交差点西側から、西本町交差点東側まであった商店街。奥に、今は撤去されたアーケードが写る。写真右側の貸本専門店の看板は「新刊 貸本」を謳う。右端の人物は姉妹都市・ローンセストン市からの第1回交換学生である。〈栄本町・昭和43年・提供＝亀井真人氏〉

▲**石橋南小学校の石橋駅前パレード①**　阪急石橋駅改札前から撮影。市民カーニバルの「石橋民謡まつり」に、石橋南小学校が協賛した。商店街入口ゲートに下がる四つの金融機関の名称は、いずれも現在は存在しない。〈石橋・昭和 50 年頃・提供＝石橋南小学校〉

▲◀**石橋南小学校の石橋駅前パレード②**　石橋商店街アーケード南端付近。当時の店舗群が写る。パレードには「金管クラブ」と「バトンクラブ」が参加した。同校は昭和 47 年の開校であり、まだ新設間もない。〈石橋・昭和 50 年頃・提供＝石橋南小学校〉

▲▶**市民カーニバル、槻木町のだんじり**　上の写真は池田駅北側。右の道が国道176号。左の道は現在の三井住友銀行の南をまっすぐ東へ向かう。右の写真、栄町のアーケードを行くだんじりの左奥に「太郎兵衛寿司」の看板が写る。槻木町は今はだんじりを出さない。〈上＝菅原町～栄町／右＝栄町・昭和56年・提供＝菅原和子氏〉

◀▼**呉服神社の月前祭**　この年、呉服神社では「壱千六百年式年記念」と称し、中秋の名月に「月前祭」を行った。左の写真、本殿前でかがり火を焚く。下の写真は琵琶演奏の奉納。〈室町・昭和60年・提供＝呉服神社〉

▲◀十二神社の秋祭り　上の写真、復活したばかりの豊島北自治会の太鼓が通りを行く。女性、子どもたちも法被を着て行列に参加。左の写真、神社境内では太鼓は車で曳かず、かついでいる。〈豊島南付近・昭和50年頃・提供＝中村知弘氏〉

▶▼住吉神社の夏祭り　例祭は10月だが、写真の頃には夏祭りがあり、子ども神輿が出た。右の写真、宮を出る神輿。下の写真、中国自動車道ができた頃から、神輿が歩道橋を渡ることになった。〈住吉・昭和末・提供＝住吉神社〉

▲**桜咲く呉羽の里**　呉羽の里の住宅街は昭和12年に宅地開発された。周囲は梅林だったというが、宅地内の通りは緑なす生垣を背景に桜が美しい。道は舗装されておらず、両側に下水溝がある。〈旭丘・昭和30年頃・提供＝亀井真人氏〉

▲◀**秦野の秋**　上の写真、秦野小学生が、稲刈りのお手伝い。稲を稲木《いなき》に掛ける。この頃は秦野小学校周辺も、農地が多かった。左の写真、赤い柿の実と稲架のある風景。〈畑付近・昭和30年頃・提供＝亀井真人氏〉

▲◀**五月山、秀望台付近**　花の頃には、五月山の観光道路にどっと人出がある。上の写真は秀望台のヘアピンカーブを登ったところ。秀望台に四阿《あずまや》があり、アイスクリームを売っている。左の写真では秀望台手前の鳥居から市街を望む。〈綾羽・昭和42年・提供＝池田市〉

▶**五月山動物園にワラビー（小型カンガルー）が来た**　この年、姉妹都市提携を記念して、オーストラリアのローンセストン市から池田市に雌雄のワラビーが贈られた。名前が公募され、写真の男の子が「ぴんちゃん」「ぽんちゃん」と名づけた。〈綾羽・昭和42年・提供＝池田市〉

▲市民マラソンのスタート　現在市役所がある場所に立っていた公会堂の前から、市民ランナーが一斉にスタート。数は多くないようだ。市民マラソンの第１回は昭和29年に行われている。〈城南・昭和42年・提供＝池田市〉

▲◀バレーボールのニチボー貝塚チームが来池　谷田絹子選手が北豊島中学校出身だったことから、前回東京オリンピックで金メダルを取った女子バレーボールの主力、ニチボー貝塚チームが池田に来た。上の写真は公会堂内。左の写真は公会堂前のパレード。建物の玄関庇の上にも人がいる。〈城南・昭和36年・提供＝池田市〉

▲**市民プールで夏を満喫**　この市民プールは昭和 38 年、旧体育館と並んで、現在の五月丘小学校の東側にできた。夏は露天が気持ちいい。レーンで区切られておらず、大人も子どもも自由に泳ぐ。〈五月丘・昭和 50 年前後・提供＝安黒公二氏〉

▶▼**伏尾町のプール兼アイススケート場**　久安寺のそばにあった私営の「サンスポーツバレイ」は、夏はプール（右の写真）で、冬はアイススケート場（下の写真）になっていた。右の写真、京都の保津川下りの舟が展示されている。〈伏尾町・右＝昭和 51 年・提供＝堤洋一氏／下＝昭和 50 年前後・提供＝安黒公二氏〉

▲**池田団地（アルビス池田）西側の路上で**　ポーズを取る3人の後ろに洗濯もの。その右奥に団地の建物がのぞく。池田団地は市域の公団住宅の先頭を切って、昭和33年に完成した。〈宇保町～八王寺・昭和45年頃・提供＝安黒公二氏〉

▶**五月ヶ丘団地（アルビス五月ヶ丘）の公園で**　女の子が遊具にまたがる。団地名の表記は「五月ヶ丘」と「ヶ」入りだった。一気には完成せず、昭和34年から37年にかけて、できた順に入居が始まった。〈五月丘・昭和55年・提供＝菅原和子氏〉

▲自動車、スクーター、自転車　下渋谷の同じお家の前で。自動車はルノー 4CV、スクーターは三菱シルバーピジョン。4CV は日野自動車がライセンス生産していた。同じ乗りものでも、時代によってデザインには流行がある。〈渋谷・昭和 32 年頃・提供＝亀井真人氏〉

▶嫁入り道具の荷出し　木部町の路上。トラックに荷を積み込み、華やかに飾り紐を掛けて送り出す。こういう嫁入りの車も、最近は見かけなくなった。〈木部町・昭和 59 年・提供＝浦部勝氏〉

▲◀池を埋める前の渋谷中学校　上の写真は創立20周年記念の人文字を写す。校庭南側に隣接していた池は、昭和51年に埋められて運動場となった。左の写真、池を埋める前にすでに、旧運動場には新校舎が立っている。〈五月丘・上＝昭和43年、左＝昭和51年・提供＝渋谷中学校〉

▲◀秦野小学校の運動会　上の写真、「大運動會」と掲げた校門の右の柱には小学校の、左の柱には幼稚園の看板が掛かる。左の写真、観客席のお祖母さんは、きものを着て頬被り。〈畑・昭和30年頃・提供＝亀井真人氏〉

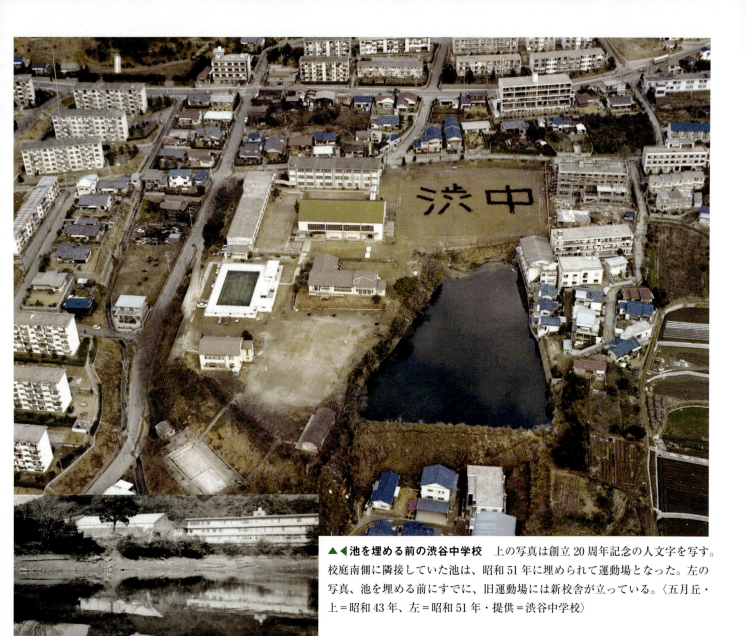

▲▶**宝塚へ、遠足に**　秦野幼稚園の児童たちが、石橋駅東口に向かう。目指すのは宝塚のルナパーク（遊戯施設）と動物園。昭和 36 年にまとめて「宝塚ファミリーランド」と改称した。上の写真で駅舎右手の様子を、右の写真で駅舎を示す。〈石橋・昭和 26 年頃・提供＝亀井真人氏〉

◀**北豊島小学校の運動会**　校庭で、児童によるマスゲーム。塀沿いは保護者家族で埋まる。その向こうは瓦屋根の家並みだが、奥には集合住宅も見えている。〈豊島北・昭和 44 年・提供＝北豊島学校〉

◀**松の疎林と草原越しに見える府立池田高校**　瀬川神社の小山付近からの撮影と思われる。現在同校は宅地に囲まれ、この面影はない。この角度からの写真は、これも今はない狭間池越しの写真と並んで、同校の卒業写真に何度も登場する。〈旭丘・昭和31年・提供＝池田高校〉

▶**市立池田中学校、噴水池のある玄関前**　卒業アルバムに何度も登場するこの場所は、同校の原風景とも言えるだろうか。左側に一段低く校庭があり、噴水右手に校舎玄関がある。〈上池田・昭和40年・提供＝池田中学校〉

池田市の過去・現在・未来

監修　能登 宏之・室田 卓雄

池田市は北は五月山を背にし、南に大きく開け、町並みは猪名川の渓口地に位置している。市章は呉織《くれはとり》・漢織《あやはとり》の伝説から意匠化した糸巻きと井桁で表現した、文化の香りを感じさせるものである。

現在、約十万三千人の人口、約四万八千世帯の池田市は昭和十四年四月二十九日、大阪府内で六番目の市として誕生した。かねてから工場誘致をしていたダイハツ工業株式会社池田工場（当時は発動機製造株式会社、昭和四十年本社社屋完成）が五月に稼働した年でもある。

江戸時代から昭和初期にかけては、整備が進んだ能勢街道や巡礼街道を中心に商業都市として栄えた。三白（米・寒天・高野豆腐）、三黒（池田炭・栗・黒牛）を中心とする各種物産の集積地として賑わっていた。街道筋の新町・綾羽町・本町などが町の中心であった。日露戦争に勝利した明治末期、明治四十三年年三月十日に小林一三は幾多の苦難と叡知を傾けて箕面有馬電気軌道株式会社（阪急電鉄）を開業した。大阪梅田から石橋・池田を通って宝塚や箕面に向けて電車が走り始めた。鉄路は当時の集落から離れた田畑に敷設した。池田停留所（池田駅）の南側、室町に住宅地が広がり「新市街」と呼んだ。やがて商店ができ、人々の行き交う姿が見られた。第二次世界大戦後は山裾に集合住宅や個人住宅が立ち並んで居住環境のすぐれた住宅都市へと変貌した。

電車開通の年は「魔法のラーメン」を産んだ安藤百福の生誕年である。明治四十三年三月五日、日本統治下の台湾で生まれた。昭和三十三年呉服町の自宅の研究所で即席めんを発明した。それから六十年、池田発祥の「国民食」即席めん類の世界消費量が一千一億食になった（平成二十九年推計）。平成三十年八月、地球環境保全のための「世界ラーメンサミット」が開かれ、本市の「インスタントラーメン発明記念館（カップヌードルミュージアム 大阪池田）」は聖地となった。

池田市はこれまでに培われてきた「町人文化」と「ものづくり文化」を生活に取り込みながら、これらを活かして国際的な文化都市に向かっている。

本書が発行される平成三十一年、池田市は市制施行八十周年を迎える。間もなく平成時代に終わりを告げるが、本書は目覚ましい発展を見せた池田市の激動の時代を収めている。生き生きした暮らしの息吹を感じていただければと思う。本書を発刊するにあたり、池田市役所各部局・教育委員会、地域の諸団体、学校そして多くの市民の方々の温かいご協力に感謝申し上げます。ありがとうございました。

目次

2ページ写真
右：猪名川の川原で〈木部町・昭和30年・提供＝伊藤悦子氏〉
中：十二神社の太鼓の前〈住吉・昭和35年頃・提供＝中村知弘氏〉
左：お風呂さんに行きました〈槻木町・昭和34年頃・提供＝菅原和子氏〉
3ページ写真
右：お砂場遊び〈石橋・昭和39年頃・提供＝堤洋一氏〉
中：お父さんの原動機付自転車〈旭丘・昭和26年頃・提供＝前田忠彦氏〉
左：お部屋で輪投げ〈神田・昭和45年頃・提供＝安黒公二氏〉

地理・交通

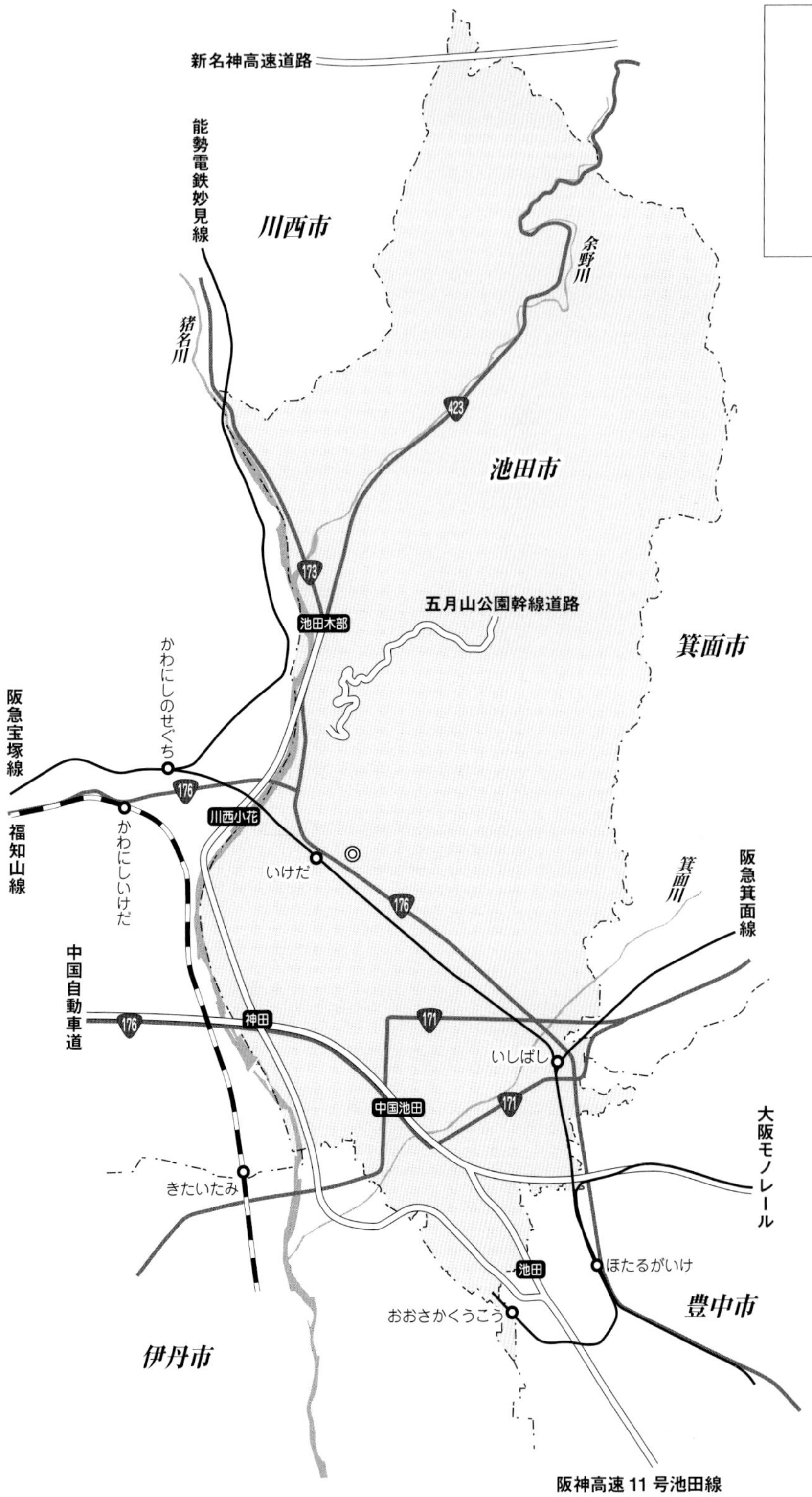

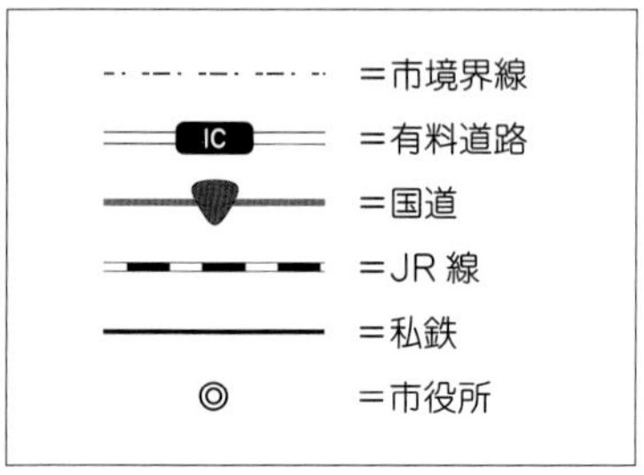

町村合併（明治21年以前の村）

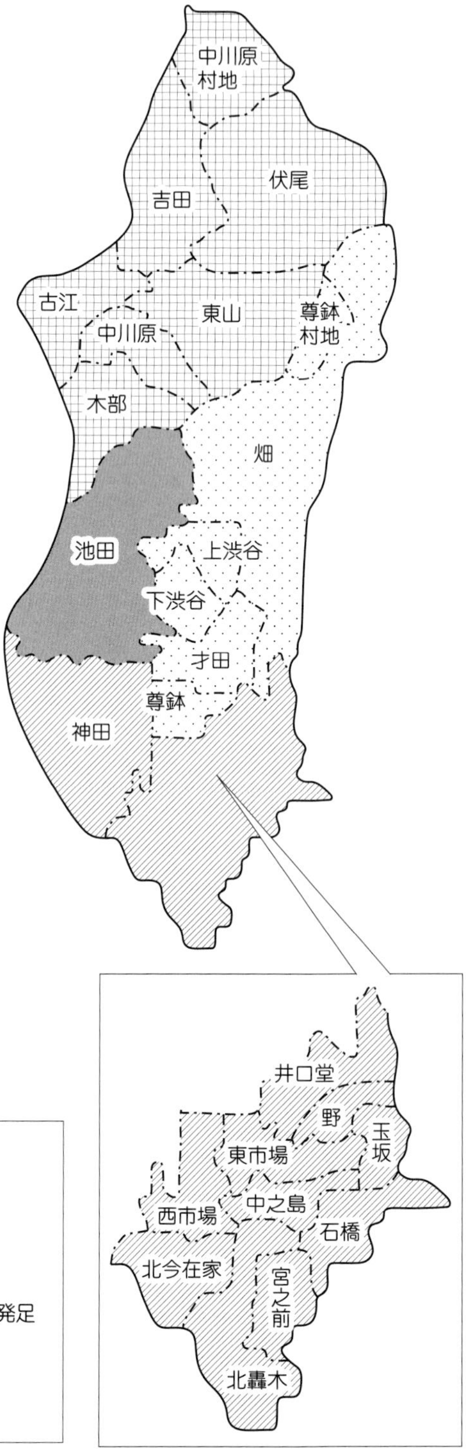

市域のうつりかわり

明治22年　町村制の施行により豊島郡域内に下記の各町村が発足

池田町　細河村
秦野村　北豊島村

明治29年　郡制の施行により豊島郡・能勢郡の区域をもって豊能郡が発足

昭和10年　池田町・細河村・秦野村・北豊島村が合併し池田町が発足

昭和14年　池田町が市制施行して池田市となり、豊能郡より離脱

本書対象地域の昭和略年表

※交通網の変遷、学校開設、統廃合等については各章に掲載

年代	関連地域のできごと	周辺地域、全国のできごと
大正15年／昭和元年	豊能郡役所廃止	大正天皇崩御、昭和と改元
昭和2年(1927)		昭和金融恐慌発生
昭和3年(1928)		普通選挙法による最初の衆議院議員選挙実施(成人男子のみ)／治安維持法改正
昭和4年(1929)		世界恐慌発生
昭和6年(1931)	産業道路(国道176号)の建設を3ヵ年計画で着工	満州事変
昭和7年(1932)	阪神急行電鉄(阪急)が石橋温室村を開発	五・一五事件
昭和8年(1933)		日本が国際連盟を脱退
昭和9年(1934)	室戸台風襲来	
昭和10年(1935)	産業道路(国道176号)開通／池田町・細河村・秦野村・北豊島村が合併、改めて池田町発足	
昭和11年(1936)		二・二六事件
昭和12年(1937)		盧溝橋事件発生、日中戦争に突入／防空法施行
昭和13年(1938)	阪神大水害発生	国家総動員法施行
昭和14年(1939)	大阪第二飛行場(大阪国際空港)開設／発動機製造(ダイハツ)池田工場が操業開始／池田町が市制施行し池田市発足	第二次世界大戦勃発
昭和15年(1940)		全国で紀元二千六百年記念祝賀行事開催／大政翼賛会発足
昭和16年(1941)	大阪工業試験所池田分所開所／東京第一陸軍造兵廠第二製造所池田工場設置	尋常小学校が国民学校と改称／太平洋戦争開戦
昭和17年(1942)	大阪府豊能地方事務所開設	三大婦人会が統合され大日本婦人会発足／ミッドウェー海戦
昭和19年(1944)	豊能税務署開設	学童疎開開始／学徒勤労令、女子挺身勤労令公布
昭和20年(1945)	枕崎台風襲来／阿久根台風襲来	全国で空襲激化／太平洋戦争終結／治安維持法廃止
昭和21年(1946)		第1回国民体育大会夏季秋季大会が阪神地域で開催
昭和22年(1947)	初の公選市長選挙で武田義三当選	新学制実施／日本国憲法施行
昭和24年(1949)	池田文庫が開館／猪名川花火大会始まる	湯川秀樹、ノーベル賞受賞
昭和25年(1950)	市役所新庁舎完成／池田商工会議所開設／久安寺楼門が国指定重要文化財となる／ジェーン台風襲来	朝鮮戦争勃発、特需による経済復興／警察予備隊設置
昭和26年(1951)	池田銀行設立／市営花園住宅完成／市立池田病院開設／発動機製造がダイハツ工業と改称	サンフランシスコ平和条約、日米安全保障条約調印
昭和27年(1952)	北摂信用組合設立	
昭和28年(1953)	台風襲来し中橋下流左岸決壊	NHKテレビ本放送が開始
昭和29年(1954)	第1回市民総合体育大会開催／大阪府池田警察署開設	
昭和30年(1955)		神武景気の始まり
昭和31年(1956)		経済白書に「もはや戦後ではない」と記載／国際連合に加盟
昭和32年(1957)	五月山動物園開園／逸翁美術館開館	
昭和33年(1958)	五月山観光道路完成／世界初のインスタントラーメン「チキンラーメン」発売／公団住宅池田団地が完成	岩戸景気の始まり／東京タワー完成
昭和34年(1959)	大阪空港が大阪国際空港に改称／五社神社十三重塔が国指定重要文化財となる	皇太子御成婚／伊勢湾台風襲来
昭和36年(1961)	第二室戸台風襲来／ダイハツ工業が本社工場の操業を開始	
昭和37年(1962)	市立図書館開館／小学校の教科書無償配布始まる	
昭和38年(1963)	童謡「鳩ぽっぽ」の歌碑が五月山公園に完成	
昭和39年(1964)	大阪国際空港にジェット機就航	東海道新幹線開業／東京オリンピック開催
昭和40年(1965)	オーストラリアのローンセストン市と姉妹都市提携	日韓条約締結／同対審答申
昭和41年(1966)	市立幼稚園の保育料が全国で初めて無料になる	
昭和42年(1967)	昭和42年7月豪雨発生	公害対策基本法公布
昭和44年(1969)	阪急宝塚線石橋～池田駅間高架になる	京都大学紛争
昭和45年(1970)	国道171号池田バイパス完成／鉢塚古墳が府指定文化財となる	日本万国博覧会開催
昭和46年(1971)	水月公園完成／八坂神社本殿が国指定重要文化財となる	
昭和47年(1972)	池田茶臼山古墳が府指定文化財となる／児童館開館	沖縄が本土復帰／高松塚古墳壁画発見
昭和48年(1973)	府市合同庁舎完成／五月山児童文化センター完成／解放会館開館／第1回市民カーニバル開催	第一次石油ショック
昭和50年(1975)	市民文化会館完成／少年自然の家が鳥取県青谷町に完成	山陽新幹線全線開通
昭和51年(1976)	第一回五月山春のフェスティバル開催	
昭和53年(1978)	神田祭が市指定重要無形民俗文化財となる	日中平和友好条約締結
昭和54年(1979)	阪急池田駅前地区の市街地再開発事業始まる	第二次石油ショック／東京サミット開催
昭和55年(1980)	市制40周年記念事業として市立図書館・歴史民俗資料館を併設し開館	衆参両院同時選挙
昭和56年(1981)	中国の蘇州市と友好都市提携	
昭和57年(1982)	一庫ダム完成	東北新幹線開業(大宮～盛岡)
昭和58年(1983)	台風襲来、猪名川運動公園冠水	中国自動車道全線開通／東京ディズニーランド開園
昭和60年(1986)	ステーションNビルオープン	日本電信電話公社及び日本専売公社が民営化
昭和62年(1987)	阪急池田駅付近連続立体交差事業終了	国鉄民営化／この頃からバブル景気へ突入
昭和63年(1988)		青函トンネル及び瀬戸大橋開業
昭和64年／平成元年	市制施行50周年記念事業「石の道・いけだ彫刻シンポジウム」開催	昭和天皇崩御、平成と改元

■監修・執筆

能登《のと》宏之《ひろゆき》（大阪府文化財愛護推進委員）

室田《むろた》卓雄《たくお》（池田郷土史学会会長）

凡例

一、本書には、大阪府池田市の、主に昭和時代の写真を、テーマごとに分類して収録した。

二、本書に掲載した写真解説には、末尾に現在の地名、写真撮影年代、写真提供者名を表記した。

三、名称は、撮影当時の一般的な呼称や略称を使用した。現在使用されていない名称には、適宜（　）内に現在の呼称を表記した。旧地名、施設の「池田市立」や学校の「尋常高等」など、煩瑣になると思われる表記は、必要と思われる場合を除いて使わなかった。

四、用字用語については、原則として一般的な表記に統一したが、執筆者の見解によるものもある。

五、説明文中の人名など固有名詞は敬称略とした。

▲昭和42年、第31回衆議院議員選挙の投票　この頃は、立会人に断りを入れれば、投票所で写真を撮ることができた。国会の「黒い霧」で揺れる政治に、この一票。写真の男性は初の選挙投票だった。〈城山町・昭和42年・提供＝森本元氏〉

1 戦前の池田

北摂の都市、政治・経済の中心地として発展してきた池田は、明治四十三年（一九〇〇）の箕面有馬電気軌道（阪急電車）の開通と、昭和五年から工事が始まった大阪市から続く産業道路（国道一七六号）が昭和十年に呉服橋まで、一部分を残し開通したことによって、市街地は大きく拡大していった。同時に人と物の流れも変わっていった。五月山に近い能勢街道沿いに商家や金融機関・行政機関があったが、徐々に交通の便利の良い産業道路沿いや池田駅周辺に移転して新しい市街地が形成された。

　産業道路はその後、池田亀岡線として延伸工事が行われ、木部から伏尾、さらに余野川に沿って拡幅工事が進められた。

　室町住宅は、箕面有馬電気軌道の創設者の一人であった小林一三の発案であり、日本初の電鉄会社開発の郊外住宅としてよく知られている。宝塚線開通に合わせて、乗客を増やすため住宅地を開発し販売した。

　昭和十年に池田町は隣接する細河村・秦野村・北豊島村と合併し大池田町となった。人口は三万一、四五七人である。合併前の昭和九年の各町村別人口は、池田町は一万七、八四八人、細河村は三、四七八人、秦野村は二、六〇六人、北豊島村は七、一〇五人であり、電鉄開通以降、池田町、それに次いで北豊島村の人口増加が著しい。しかし、合併当時の航空写真を見ると、池田町を除けば、五月山の丘陵地や平野部の田畑の中に旧集落が点在する農村地帯であった。

　さらに四年後の昭和十四年には、大阪府で六番目の市として池田市が誕生した。人口三万五、三五五人、七、〇七二世帯であった。わずか四年で三、八九八人の著しい増加である。

　昭和十四年は、色々な出来事があった年である。一月には伊丹飛行場の開港、四月に東雲《しののめ》小学校（呉服小学校）の開校、五月に発動機製造（ダイハツ）が池田に移転し操業開始、池田城跡に満州での経済活動の人材を養成する興亜時習社の開校などがあった。一方世界を見ると、この年九月にはドイツのポーランド侵攻により、第二世界大戦が勃発している。

　昭和の約三分の一近くは戦争の時代であった。市民生活・学校生活の中にも次第にその影響は大きくなっていった。銃後の生活は「欲しがりません勝つまでは」の標語のもと、お国のため人々は必死に生きていた。

▲小学生の奉仕活動　市制施行の頃。北豊島小学校の児童たちが集落沿いの土の道を掃除している。昭和 12 年から続く日中戦争は長期化し、「奉仕」や「滅私奉公」が銃後の精神となっていた。〈豊島北・昭和 15 年頃・提供＝北豊島小学校〉

▶新町の「嫁入り道具店」 看板に「嫁入道具一式并《ならび》ニ漆器各種」と掲げる。呉服屋ではなく道具屋だが、嫁入りを一括で請け負っていたのだろうか。店頭左端には行《こ》李《り》柳《やなぎ》の乳母車が並ぶ。〈新町・昭和初期・提供＝植村ヨシ子氏〉

▶▲五月山から見た池田の市街　一面の甍の波。右の写真ではその先の田園地帯が霞みつつ見え、広がりの限界を示す。上の写真は猪名川沿いで、下段写真の２店舗の方向である。〈五月山から南向き・右＝大正末～昭和初・提供＝歴史民俗資料館、上＝昭和初・提供＝小田康徳氏、池田市教育委員会（データ）〉

◀▼槻木町の青果店　現在新町にある池田青果の前身。左の写真、槻木町に「内外果實青物問屋　上清商店」と看板を挙げる。下の写真左奥の看板に「バナナ」とあり、これが「内外」の「外」の主力か。〈槻木町・昭和戦前・提供＝好川清子氏〉

▶▲宣真高等女学校（宣真高校）の通学　生徒たちの多くは阪急を使い、石橋駅から歩いていた（右の写真）が、学校として乗合自動車（上の写真）も出していた。区間は不明。「宣真バス」といったらしい。〈荘園・昭和２～３年・提供＝宣真高校〉

◀住宅のまばらな石橋荘園《そうえん》　手前中央に宣真高女。左辺上部から右辺中部へ向けて阪急の線路。石橋荘園は大正中期に農地から宅地へと転換したが、当初は全く家が建たず、大正末になって阪急が販売を手掛けるようになった。写真の頃には、それでもまだ、家はまばらである。〈荘園周辺・昭和６年・提供＝宣真高校〉

▲▶園芸学校（園芸高校）の通学　この頃の園芸学校は、現在の府立池田高校の場所にあった。石橋駅で、通学中のスナップ。上の写真には宝塚の広告のある駅舎、右の写真には阪急の車両が写る。〈石橋・上＝昭和２年、右＝昭和５年・提供＝園芸高校〉

▲狭間池越しに見える園芸学校　中段右端近く、道の先に小さく校舎が写る。手前の池は埋められて今はなく、敬老会館や老人ホームが建てられた。〈旭丘・昭和６年・提供＝園芸高校〉

▲▶塩野義商店（塩野義製薬）の皐月《さつき》寮　大正８年に社長の邸宅が建石町付近に建ち、大正 11 年には社員寮ができた。現在の五月丘小学校の西側。当時はこのあたりも「建石」だった。〈五月丘・上＝大正 13 年、右＝大正 12 年・提供＝五月丘小学校〉

◀塩野義商店皐月寮のテニスコート　寮の敷地には余裕があり、まるで保養所のようにテニスコートがあった。日の丸を掲げ、テニスを楽しむ社員たち。日中戦争が長びく中、この年 12 月に日本は対米英蘭開戦に踏み切る。〈五月丘・昭和 16 年・提供＝五月丘小学校〉

▲▶地域を挙げて祝う　大きな出来事があると、かつては地域を挙げて祝った。上の写真、町の合併拡大を祝う仮装行列。西本町の国道 176 号沿い。右に寿命寺が写る。右の写真は、通りを埋める日の丸。昭和３年の天皇即位御大典ではないか。〈西本町・上＝昭和 10 年、右＝昭和初期・提供＝甲川正文堂〉

◀園芸学校（園芸高校）の立太子記念園　園芸学校はこの年、現在の水月公園東側付近から現在の府立池田高校の場所に移転し、農商学校から校名を改めた。昭和天皇となる裕仁親王の立太子の礼は大正５年なので、その時造った園を移したようだ。〈旭丘・大正 13 年・提供＝園芸高校〉

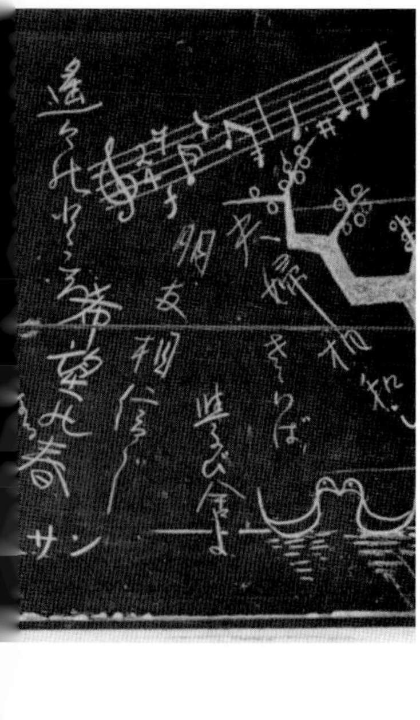

▲◀宣真高等女学校（宣真高校）、卒業時の寄書き　黒板に寄書きし、写真に撮って卒業アルバムに残す。「エロ・グロ　ナンセンス」など、世相を映した言葉が多い。〈荘園・昭和6年・提供＝宣真高校〉

▶宣真高女の卒業アルバム　全盛期のチャップリンの扮装や右上のモガ（モダンガール）など。ページのレイアウトにも当時のモダニズムが横溢している。〈荘園・昭和7年・提供＝宣真高校〉

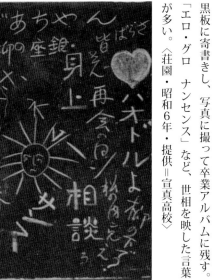

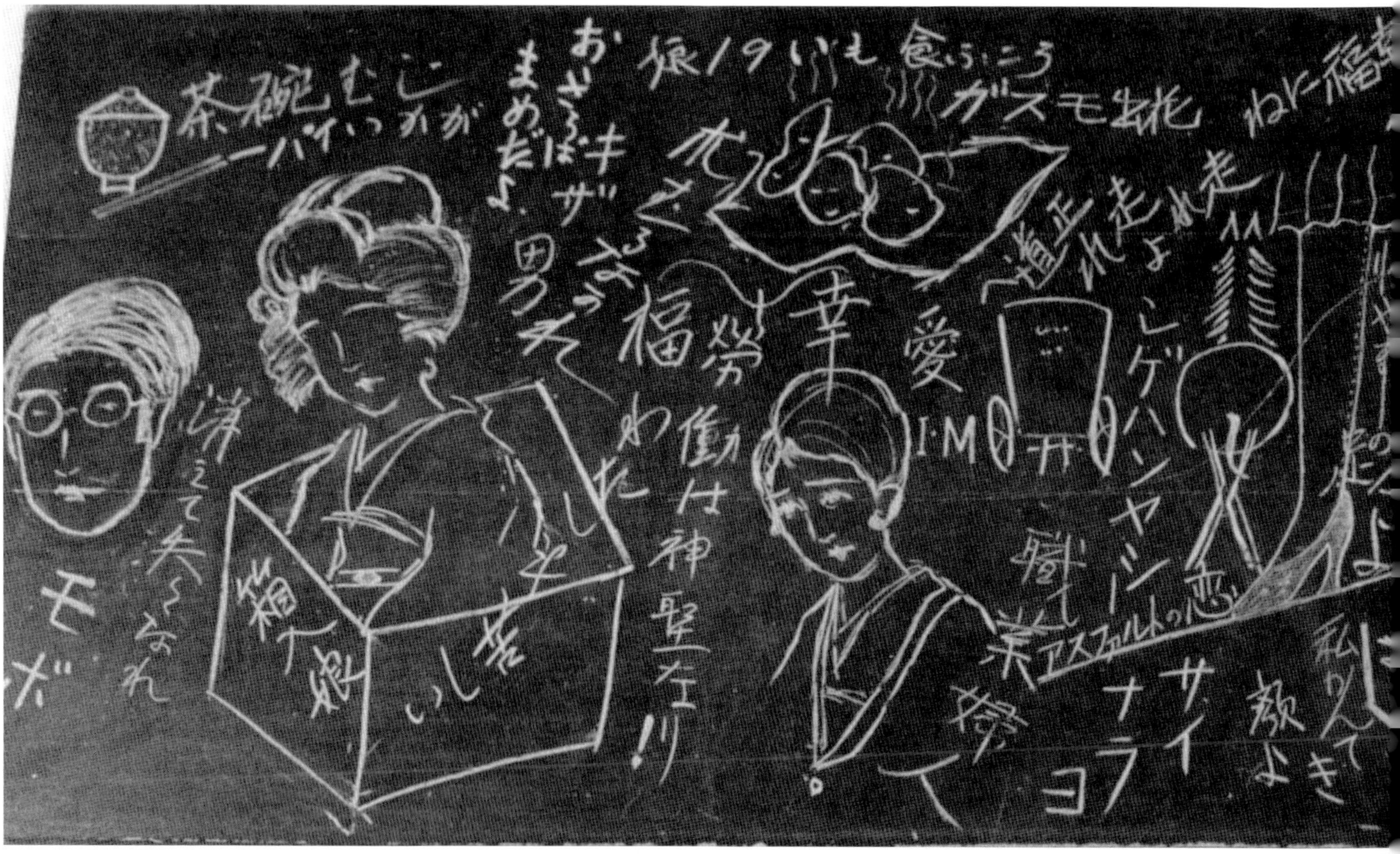

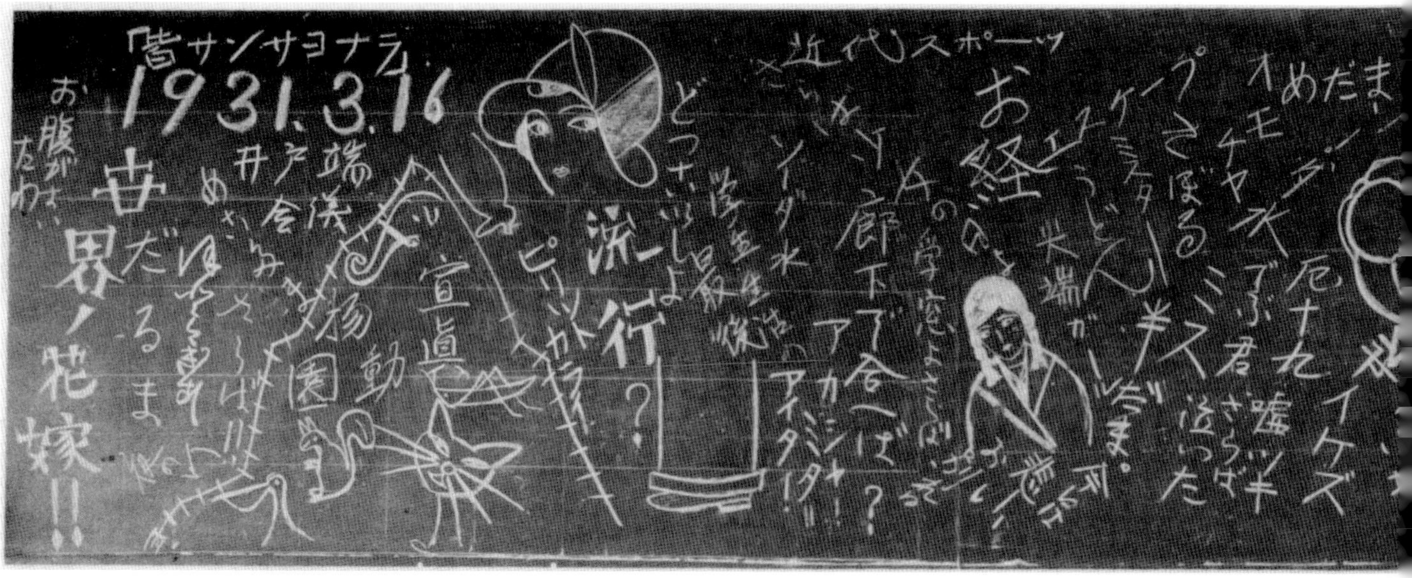
「皆サンサヨナラ」
1931.3.16
近代スポーツ

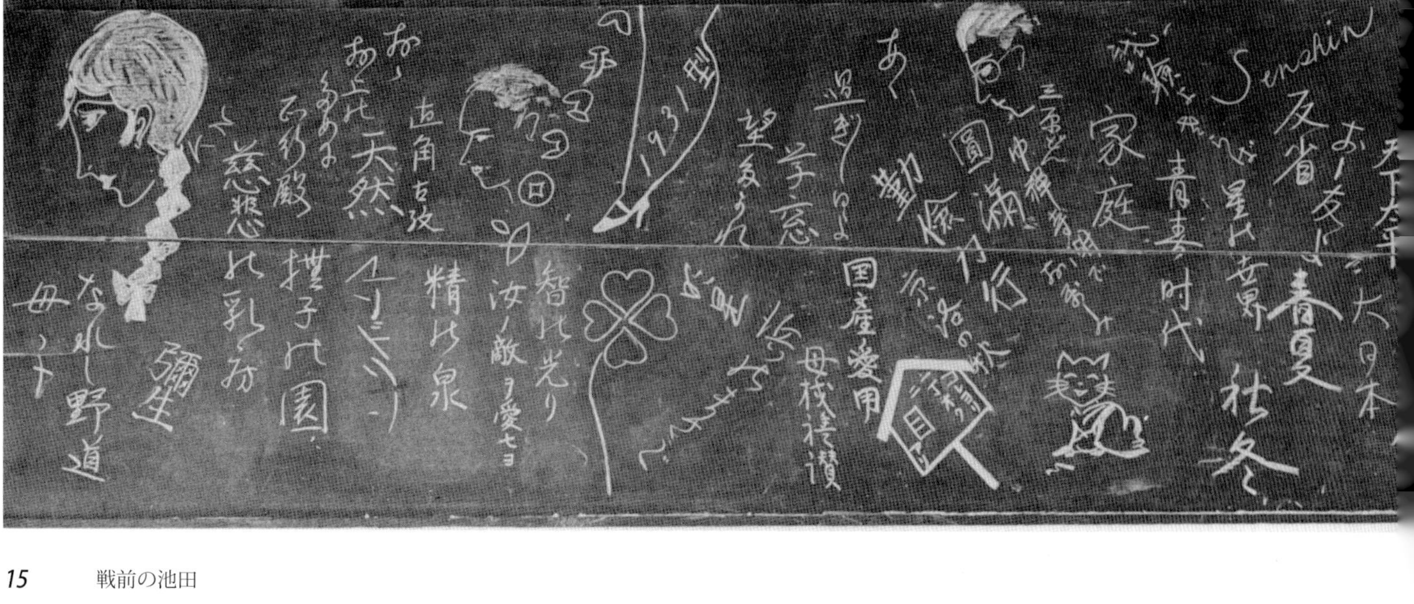

▲◀東山町の出征兵士　上の写真、見送りの友人たちと東山町内の坂道を下る。中央が出征者。左の写真、通りではなく家の庭でバンザイ歓送。出征者は頭を下げる。派手な幟や地区を挙げての盛大な見送りは、昭和10年代後半には姿を消している。〈東山町・昭和10年代後半・提供＝谷向晴男氏〉

▶幟に送られて出征　日中戦争が長期化する昭和15年頃までは、出征者は地区で派手に歓送された。写真、通りに面し何本も幟が立つ。奥に「アサヒビール」とある飲食店の看板。寄せ書きされた日の丸を持って、記念撮影。〈城山町付近・昭和10年代前半・提供＝森本元氏〉

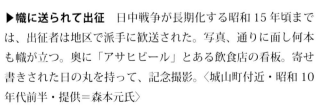

▲敵国首脳の的当て（？）　左からF.D.ルーズベルト、チャーチル、蒋介石。添書きに「殲滅」とあり、看板への的当てだと思うのだが、確認が取れない。対米英蘭開戦翌年の運動会。〈荘園・昭和17年・提供＝宣真高校〉

▶▼満蒙開拓から真珠湾奇襲へ　右の写真は北豊島小学校。添書きに「満蒙開拓義勇軍先遣隊」「（個人名）送別会」とある。義勇軍は16歳以上なので、卒業生か。下の写真は附属池田小学校。真珠湾攻撃の成果を5年生がパノラマ模型で作った。〈右＝豊島北・昭和13年頃・提供＝北豊島小学校／下＝城南町・昭和17年頃・提供＝北村芙佐子氏、池田市教育委員会（データ）〉

▲◀園芸学校（園芸高校）の野外演習　上の写真、現在の府立池田高校の場所にあった園芸学校の生徒たちが、近所の枯田で銃を構える。左の写真は進軍ラッパ。この年、中国では満州某重大事件（張作霖爆殺）があった。〈旭丘・昭和３年・提供＝園芸高校〉

▶園芸学校の銃器室　学校教練はこの年から始まった。正規の課目であり、銃は教材である。学校には専用の保管室が設けられていた。〈旭丘・大正 14 年・提供＝園芸高校〉

▶旧制池田中学校（府立池田高校）のグライダー
学校の滑空班が使っていた。当時日本には独立した空軍はないが、航空戦力との関係で、グライダーの練習は評価されていた。左奥にこの年完成する校舎が工事中。〈旭丘・昭和 18 年・提供＝池田高校〉

◀池田師範学校（大阪教育大学）報国団鍛錬部の重量挙げ競争　バーベルではなく丸太を使用。同校の報国団には鍛錬部、作業部などがあり、夏休み中に農作業やオートバイ訓練などを行った。この翌月文部省は、授業時間を使った学校報国隊の結成を指示した。〈建石町・昭和 16 年・提供＝附属池田小学校〉

▶秦野小学校の奉安殿
奉安殿は、御真影（天皇・皇后の肖像写真）と教育勅語の謄本（写）の耐火保管庫であり、とくに形が決まっている訳ではない。写真のものは千木、鰹木をいただく神社風。昭和 10 年頃から各校に普及した。〈畑・昭和 9 年・提供＝土岐滝生氏〉

▲旧制池田中学校（府立池田高校）の勤労奉仕　昭和12年以来の日中戦争に成年男子を取られ、労働力不足となった国内では「奉仕」が推奨された。学校では事実上強制。生徒たちは授業時間に畑で鍬をふるう。〈旭丘・昭和18年・提供＝池田高校〉

◀池田技芸女学校（渋谷高校）、勤労動員の仲間たち　写真の添書きに「池田中学入学記念　第三期生」とある。池田技芸女学校を「池田中学」と呼んでいたらしい（旧制中学は男子校）。入学はしたが、学徒勤労動員により、石橋の工場で働くことになった。〈城南・昭和18年・提供＝安楽江里子氏〉

▶軍国少年の、軍隊式「気をつけ」 サーベルではなく日本刀だが、これは間違いなく「気をつけ」の姿勢。刀を脇に、背筋を伸ばす。この時代の子どもはみな、刀や銃のおもちゃを軍隊式に扱える。〈東山町・昭和20年頃・提供＝谷向晴男氏〉

◀大日本国防婦人会の女性たち 白い割烹着に会の名の入った白ダスキは、大日本国防婦人会のユニフォーム。満州事変、上海事変に触発されて昭和7年（池田は8年）に結成された。右手に燈籠があり、場所は細川神社らしい。〈吉田町・昭和10年前後・提供＝谷向晴男氏〉

▶田中町（栄町）の防空監視所　木で組んだ櫓に「家庭防空　田中町監視所」と看板が掛かる。こういう監視所は日中戦争期、対米英蘭開戦以前に、中国からの空襲を想定して作られた。本当の空襲が始まると、これではとても対応できなかった。〈栄町・昭和10年代中期・提供＝匿名（池田市在住）〉

◀旧制池田中学（府立池田高校）、生徒の防空演習　校舎の屋根にはしごを架け、バケツリレーで水を掛ける。ゲートルを巻いた生徒たちの中に、笑顔も見える。対英米蘭開戦翌年の、のどかな防空演習。〈旭丘・昭和17年・提供＝池田高校〉

▲黒塗りだった北豊島小学校校舎　米軍による空襲が始まると、各校の校舎はカモフラージュのため黒塗りにされた。写真は戦後で、塗りがはげてきている。昭和30年の卒業アルバムでも、まだ校舎に黒塗りの痕跡は残る。〈豊島北・昭和20年代・提供＝北豊島小学校〉

◀▼家の庭の防空壕　本土空襲が始まり、下渋谷のお家では、庭に防空壕をつくった。左の写真は入口部分。盛り土の下は、下の写真のようになっていた。〈渋谷・昭和20年・提供＝亀井真人氏〉

▲「講和記念」の立看板　連合国占領下の附属池田中学校体育祭。右に「講和記念」と看板が立つ。この年サンフランシスコで講和会議が行われた。翌年、条約が発効して日本の本土は独立を回復した。〈城山町・昭和26年・提供＝附属池田中学校〉

◀市による戦没者慰霊祭　市の公会堂で戦没者を悼む。表だっての戦没者慰霊祭は、占領下では行えなかった。占領は昭和27年4月27日で終わり、国による第1回全国戦没者追悼式は同年5月2日に開催されている。〈城南・昭和38年・提供＝池田市〉

フォトコラム 消防と災害

自然災害の中で大きな被害をもたらすのは地震、そして梅雨前線や台風に伴う河川の氾濫・洪水であろう。火災は地震による場合もあるが、発生は人為的な面が多い。戦時中の米軍による大規模な空襲。昭和二十年に大阪市は五十回にも及ぶ大空襲で焼け野原になった。池田市でも同年六月七日の呉羽の里住宅（旭丘二丁目）、府立池田中学校（府立池田高校）、十五日の石橋駅周辺と、五月山の大広寺と陽春寺などが焼夷弾によって大きな被害があった。この月だけで百軒近い全焼家屋があった。

長い歴史のある村落の消防組と、満州事変勃発頃から各町村につくられた防護団は、昭和十四年に統合され池田警防団となり、池田警察署に本部が置かれた。後に池田分団・呉服分団・秦野分団・細河分団・北豊島分団がつくられ、それぞれの地域の防空訓練、消火活動を担うことになった。

池田市域での大きな災害は、昔から猪名川の大洪水、箕面川の氾濫である。昭和戦前期を見ると、昭和九年に室戸台風があり、木部に完成したばかりの町水道本館、桃園の葬祭場が倒壊するなど大きな被害があった。翌年、六月二十九日夜から豪雨が始まり七月一日まで降り続いた。そのため猪名川の洪水があり、復旧工事に追われるなど大変な年であった。さらに八月十日も雨、この日は池田町合併行事が新しい町役場で行われた。翌日になっても雨は止まず豪雨になった。八月二十九日から九月二日にかけても豪雨が続いた。このため、八月の降水量は、例年の十倍以上に及ぶ五八〇・八ミリに達した。

災害復旧工事がやっと終わった十三年七月五日には、後に「阪神大風水害」と呼ばれた豪雨があり、また猪名川も氾濫し大きな被害があった。猪名川の氾濫は明治二十九年以来であった。これらの災害復旧工事は、十五年に石澄川を残してほぼ完了した。

戦後も梅雨前線や台風による大きな災害はあった。昭和四十二年は六月の梅雨時期に雨が降らず、異常渇水で市域の一部で断水が発生した。ところが七月九日に一転して集中豪雨となり家屋流失二十五世帯、床上床下浸水四、三六一世帯。池田市に災害救助法が発動された。

▲才尊消防組　ガソリンポンプ車購入時の記念写真。揃いの法被を着て火除けの頭巾をかぶる。消防組は昭和 14 年、空襲対策を含む警防団となり、戦後は消防団へと改組された。
〈鉢塚付近・昭和初期・提供＝石田晶大氏、池田市教育委員会（データ）〉

◀▼シュノーケル車（左）と、はしご車（下） 左の写真は救助訓練。シュノーケル車の折れ曲がるはしごが、商工会議所の３階の窓に伸びる。下の写真は出初め式。現在の池田駅前公園の位置にあった市役所の横、まっすぐ伸びるはしご車の勇姿。〈左＝城南・昭和 40 年、下＝菅原町・昭和 34 年・提供＝池田市〉

▼２階建てだった消防署 池田駅のステーションＮビルのところにあった。当時は周囲に高い建物がなく、火の見櫓は遠見が効いた。〈城南・昭和 33 年・提供＝池田市〉

▶**民家の火事**　添書きに「野村荘園」とある。「野町の住宅街」という意味か。野町という地名は昭和 40 年の住所変更で消滅した。2 階から煙が上がり、家財道具が運び出されて、人が集まる。〈石橋・昭和 36 年・提供＝池田市〉

◀▼**飲食店（左）と、工場（下）の火事**　左の写真は鉢塚町。小売店が何店も入った建物の横の、お好み焼店から出火した。下の写真は新開橋付近。立ち並ぶ小規模工場から黒煙。ボウリング場への誘導ゲートが写る。〈左＝鉢塚・昭和 44 年、下＝豊島南・昭和 47 年・提供＝池田市〉

▲▶**増水した猪名川**　昭和 36 年の梅雨前線豪雨。上の写真は川がカーブする桃園付近、右の写真は新町の五月山裾と思われる。家の足元まで迫る水。この豪雨は日本中で被害をもたらし、兵庫県でも死者 41 名を出した。〈上＝桃園、右＝新町・昭和 36 年・提供＝池田市〉

▲▶**市民による災害訓練**　上の写真は消防団。トラックから土嚢を運び出す。左に武田義三市長が立つ。右の写真は婦人会だろうか。どこかの調理室を使って、炊出しの練習。おにぎりを作る。〈池田市内・昭和 42 年・提供＝池田市〉

▲◀冠水した道路　昭和40年の台風23号。上の写真は池田郵便局前。国道176号が水に浸かる。左の写真、緑丘の住宅街を川のように水が流れる。丘陵だから水の被害がないという訳ではない。〈上＝菅原町、左＝緑丘・昭和40年・提供＝池田市〉

▶屋根が飛ばされた小学校　昭和39年の台風20号。細河小学校の屋根のトタンが飛ばされ、校庭には駆けつけた消防車が停まっている。この台風は強風で、北豊島中学校の塀が倒れたりもした。〈中川原町・昭和39年・提供＝池田市〉

▶アーケードの壊れた池田商店街（サカエマチ） 右手に「鈴木中央医院」の看板、左手に「呉服は　やっぱり京屋」の垂れ幕。奥に「池田商店街」とある。和服の女性が避けているのは、雨か落下物か。〈栄町・昭和 40 年・提供＝池田市〉

◀新潟地震に義捐物資を送る この地震では高さ 4m の津波があり、新潟県に止まらず、広い範囲で被害があった。新潟市では石油コンビナートが 12 日間も燃え続けた。池田市役所から、義捐物資を積み出す。〈菅原町・昭和 39 年・提供＝池田市〉

2 行政・施設・催事

昭和十四年四月の池田市制施行は、議会の派閥抗争、行政事務の拡大、各種施設の整備、厳しい行財政、戦時体制への対応など多くの課題をかかえてのスタートであった。市庁舎は旧池田町役場の看板を池田市役所へと書き直した。しかし年々増大する事務量のため手狭になり、昭和十六年から隣接する公会堂を庁舎として使用していった。

公会堂は池田出身で大阪の実業界で活躍した田村駒治郎（田村駒株式会社）の遺言で寄付され昭和十年に竣工した。収容人千名、外壁はモザイクタイル貼り二階建て、当時、堂々たる建物であった。池田町時代、そして池田市になってからも各種の催しがこの公会堂で行われた。

能勢街道沿いの本町にあった郵便局も昭和十三年に現在地に移転。池田警察署も長く本町にあったが昭和三十八年に現在地の市役所北側に移転新築した。

戦前の池田警防団は戦後改革の中で解散し、池田消防署が新たに設置され、消防団も結成された。消防署は昭和二十三年に市庁舎に近い菅原町につくられた。火の見櫓も建てられ、池田駅や市街地を見下ろす眺望の鉄製の櫓であった。この火の見櫓に登って撮影した写真が本書に多く納められている。その消防署も駅前再開発により昭和五十年に八王寺に移転新築された。

戦後、占領下において次々と大改革がなされていく中で、地方自治法の制定、昭和二十二年に初めての公選市長として武田義三が選ばれ市長に就任した。武田はその後、七期・二十八年間に及ぶ市長として活躍した。

池田町時代から使用されていた市役所は、旧増本病院を改造したもので当初から手狭であった。公会堂も使用されたが新庁舎をつくる必要性に迫られていた。昭和二十五年には木造瓦葺二階建て市庁舎が完成した。現在の中央公民館と駅前公園の辺りであり、道路の交差する所にできたV字型の建物であった。

現市庁舎は府・市合同の庁舎として昭和四十八年に竣工した。そこには公会堂・公民館・福祉会館・豊能地方事務所・大阪府土木事務所、そして個人の住宅があったが、移転や取り壊しなどにより、跡地に立派な七階建て庁舎が建てられた。当時池田市の人口は十万人にまだ達していなかった。

▲池田市役所の看板を揮毫　昭和10年に池田町と細河・秦野・北豊島の三か村が合併し、大池田町が誕生した。4年後にはそのまま市制となる。池田市は今年、平成31年に市制80周年を迎えた。〈池田市内・昭和14年・提供＝戸田洋氏、池田市教育委員会（データ）〉

▲前の池田市庁舎　現在の池田駅前公園の場所。戦後、昭和 25 年に竣工した木造2 階建て。右奥に、増築した鉄筋庁舎（旧中央公民館）がのぞく。市制施行以降、市庁舎は旧池田町役場（元増本病院）→公会堂→前市庁舎と推移した。〈菅原町・昭和 37 年・提供＝池田市〉

◀▼平和像や信号越しの市庁舎（左）と、その内部（下）　上の写真の翌年、昭和 38 年に交差点の信号と、公会堂前の平和像が立った。左の写真は国道 176 号公会堂前付近からの眺め。下の写真は同時期の庁舎内スナップ。扇風機が何台も回る。〈菅原町・昭和 38 年・提供＝池田市〉

▲前市庁舎と、建築中の現市庁舎　阪急の線路南の建物から、北向きに撮影。中央から左に前市庁舎が、右に骨組みだけの現市庁舎が写る。竣工は昭和48年である。〈菅原町〜城南・昭和47年頃・提供＝中井輝雄氏〉

◀池田駅前、「池田市公聴室」の看板　「市の声、市民の声／池田市公聴室」と掲げる。奥に駅舎。秦野幼稚園の子どもたちが、遠足にやってきた。保護者は着物姿が多い。〈菅原町・昭和25年頃・提供＝亀井真人氏〉

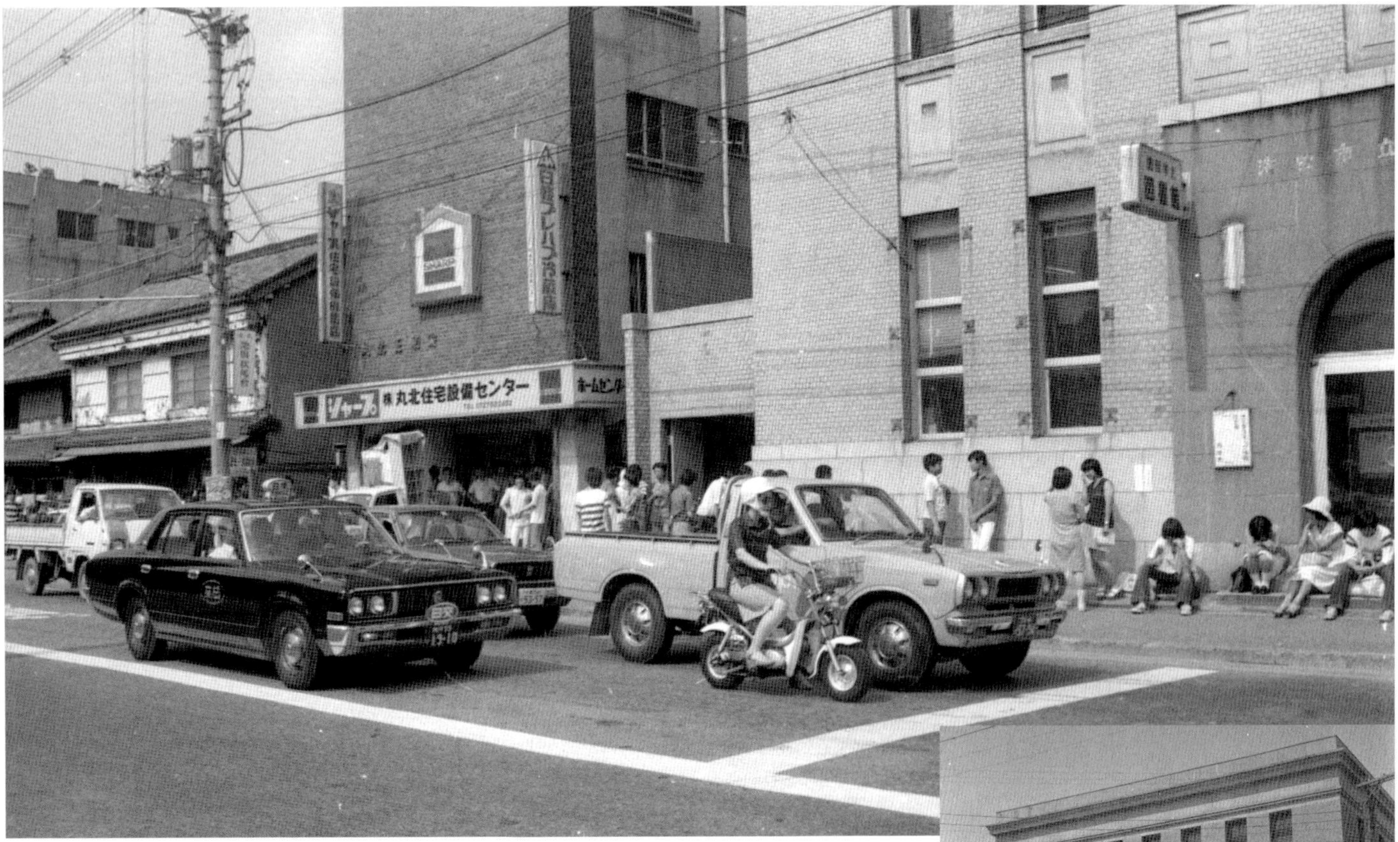

▲▶夏休みの図書館前、朝から行列　上の写真、現在「いけだピアまるセンター」になっている図書館の前に、学生たちの行列。早い者勝ちで席を取る。右の写真は図書館としての完工式の際のもの。大正 14 年に建った池田実業銀行の建物を改装した。〈新町・上＝昭和 52 年、右＝昭和 37 年・提供＝池田市〉

◀▼としよりの日（敬老の日）、公会堂で演芸会　公会堂は現在の市庁舎の位置にあった。左の写真は竣工時の頃のもの。下の写真、立看板にある「としよりの日」は祝日ではなかった。祝日「敬老の日」は昭和 41 年になって制定される。〈城南・左＝昭和 10 年・提供＝歴史民俗資料館、下＝昭和 38 年・提供＝池田市〉

▲▶市民プールの完成　市民プールと市民体育館は、現在の五月丘小学校の東にあった。上の写真、完工式の日に、待ちわびた市民が浅い子ども用プールで楽しむ。右の写真では、体育館とともに、まだ工事中。〈五月丘・昭和38年・提供＝池田市〉

▼◀猪名川運動広場（運動公園）で市民レクレーション大会　大会は3回目。新設の運動広場の開場を記念する。下の写真は市立池田小学校の児童たち。左の写真、当時はこういう競技があった。大人の男たちは、ほとんど煙草を喫っていた。〈桃園・昭和40年・提供＝池田市〉

▲▶通りのゴミ箱からゴミ回収　かつては通りに家庭用のゴミ箱が置いてあり、そこからゴミを回収していた。上の写真、木製のゴミ箱をトラックに持ち上げる。右の写真はコンクリート製。たぶん、中にポリバケツが入る。〈池田市内・上＝昭和 38 年、右＝昭和 41 年・提供＝池田市〉

◀桃園のゴミ焼却場（クリーンセンター）
回収したゴミは、燃やす必要がある。桃園の焼却場で、昭和 37 年に毎日 50 トンのゴミ焼却ができるようになった。写真は完成後。写真手前側には瓦屋根の住宅が並んでいる。〈桃園・昭和 42 年・提供＝池田市〉

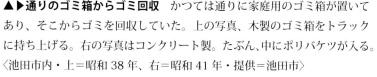

◀▼木部浄水場（左）と神田浄園（下）　左の写真の木部浄水場は、余野川の伏流水を上水道に使うために昭和 13 年につくられた。昭和 43 年、古江浄水場の部分竣工に合わせ廃止。下の写真の神田浄園は昭和 36 年にできたし尿処理場。増設工事完工式のテントの奥にダイハツの工場が写る。〈左＝木部町、下＝神田・昭和 38 年・提供＝池田市〉

▲バキュームカーでの汲み取り　猪名川の川原だろうか、家の前の道にバキュームカーが入れず、下の石垣側からホースを渡して、便所の汲み取りをしていく。1 軒ずつこれをしていたわけで、苦労がしのばれる。〈池田市内・昭和 41 年・提供＝池田市〉

▲栄本町にあった池田警察署　大正期に建てられた建物を、戦後もずっと使っていた。戦後一時期、GHQ の方針で市営（自治体警察）だったことがある。昭和 38 年、池田小学校敷地だった現在地に移転した。現在ここは池田公共職業安定所（ハローワーク池田）になっている。〈栄本町・昭和 36 年・提供＝池田市〉

▶池田青年会議所の一日交通課長　自動車の普及により交通問題が深刻化。青年会議所のメンバーが、一日交通課長となって「交通問題よろず相談所」を開いた。場所は交番ではなく「駅前交差点交通専務員詰所」である。〈菅原町・昭和 41 年・提供＝池田市〉

▲駅前交番に電光掲示板を設置　右の写真の「詰所」に対し、こちらは「駅前派出所」。窓の上に電光掲示板がセットされ、標語を流す。まだ珍しかったようだ。〈菅原町・昭和 42 年・提供＝池田市〉

▶▼前の池田郵便局　池田郵便局は、市制前年まで移転をくり返していたが、昭和 13 年からはずっと現在地にあり、建替えが行われている。右の写真、車庫側の出口。下の写真は国道 176 号側。〈城南町・昭和 37 年頃・提供＝辻泰子氏〉

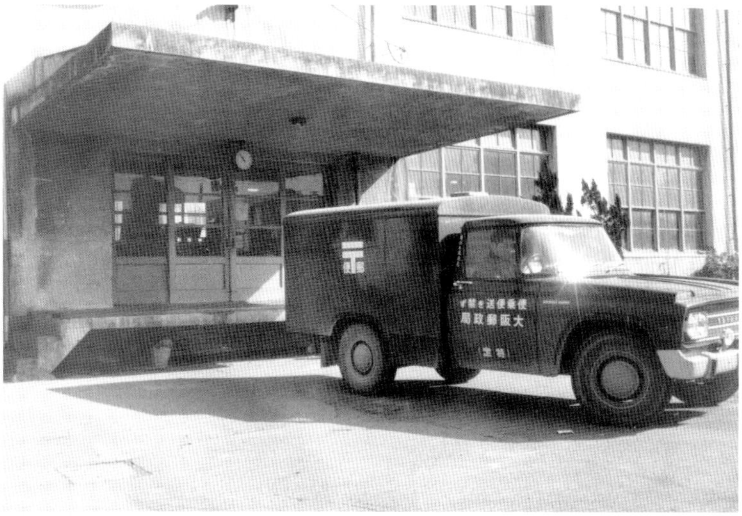

▲前の池田郵便局の内部　ガラステーブルが置かれ、カウンターでは木枠越しに応対する。カウンターの上部に、さまざまなポスター。左右には「第 12 回 NHK 歳末たすけあい義捐金」のポスターもある。〈城南町・昭和 37 年・提供＝辻泰子氏〉

フォトコラム　武田義三市長

昭和二十二年から五十年まで、じつに七期二十八年にわたって池田市長を務めた武田義三は、滋賀県高島郡新旭町（現高島市）の出身であり、同地の小学校で使われていた学習副読本『新旭の人物ものがたり』の中に詳しく次のように紹介されている。

武田義三は明治二十九年（一八九六）、農家の八人兄弟の三男として生まれました。少年の頃は、清水義三といい、友だちから「ぎいちゃん」と呼ばれ、誰とでも遊ぶ元気な子でした。

明治四十三年三月に新儀小学校の高等科を卒業すると、ふろしき包み一つをかかえて、住みなれたわが家を後にしました。淀川を船で下り大阪の天満の港に着き、どの店で働かせてもらおうかと歩いていました。「店員さん入用」と書かれた店に入り、働かせてもらうことになりました。この店だったら働いている人を大切にしてくれると思ったからです。そこは武田帯芯という会社でした。

店の主人は義三の働きぶりをみて、少しずつ責任のある仕事を任せました。店も繁盛し、池田の伏尾に新しい工場を建てることになりました。大正九年（一九二〇）に義三は武田家の後を継ぎ、清水義三から武田義三となりました。

会社を任された義三は、昭和の初めごろ、ゴム帯芯という新しい商品をつくり、商売は繁盛していきました。しかし、戦争がだんだん激しくなってくると帯芯は戦争に役立たない、繊機も兵器を造る材料として国に差し出すことになってしまいました。武田帯芯株式会社はとうとう生産を続けることが出来なくなってしまいました。

昭和二十年八月十五日、終戦を迎え、義三は「これからどうして生きていけばよいのだろう。」と考え続けていました。義三は四十九歳でした。「これからは、生まれ変わって新しい第二の人生を歩もう。生きる希望を失っている池田市民のために働こう。」と決心しました。

（以下略）

こうして池田市長となった武田義三は、敗戦後の混乱期から高度成長の終わりまで、一人、市長職を務め続けた。彼は市長を引退した年、昭和五十年五月二十八日に、七十九歳の生涯を終えている。

▲市民に語りかける武田義三市長　添書きに「宮之前荘園」とあり、住吉方面の住宅街。選挙ではなく、左後ろの、市の広報板ができた際に、ハンドマイクで市民に語っている。〈住吉付近・昭和 37 年・提供＝池田市〉

▲サンタクロースに扮した武田市長　和室に洋風の家具を置いた部屋で、着物姿も多いクリスマス会に、白ヒゲの武田サンタ。市の写真だが町名だけ書いてあって施設名がない。〈建石町・昭和 33 年・提供＝池田市〉

▲◀武田市長の一日お巡りさん　「署長」ではなく「お巡りさん」ということで、交差点に立って交通整理のパフォーマンス。場所は池田駅前である。〈栄町・昭和 34 年・提供＝池田市〉

▲◀市制 20 周年記念式①　造成中の五月丘だろう。テントを張って、池田市制 20 周年を祝う。上の写真はテント内部。挨拶する武田市長。左の写真、テントの外には参加者を運んだバスが並び、奥に市街が見える。〈五月丘付近・昭和 34 年・提供＝池田市〉

▶▼市制 20 周年記念式②　右の写真、記念式には学生のブラスバンド演奏もあった。その後、下の写真のように、五月山観光道路のドライブも行っている。〈右＝五月丘付近、下＝綾羽・昭和 34 年・提供＝池田市〉

▲◀**昭和 34 年の成人祭①** 「成人式」ではなく「成人祭」といった。池田・渋谷・北豊島の市立３中学と、呉服小学校が合同でブラスバンドパレード。公会堂を出発して、国道 176 号を駅の方へ進む。〈城南・昭和 34 年・提供＝池田市〉

▶**昭和 34 年の成人祭②** 公会堂内部、日の丸をバックに来賓の祝辞。どうもこの年はブラスバンドが主力だったようで、新成人を撮ったいい写真が無い。〈城南・昭和 34 年・提供＝池田市〉

▲候補者名でいっぱいの投票所付近　市議・市長選の投票所付近の家族づれ。周囲は候補者名のビラでいっぱい。この頃の選挙制度上、問題はない。「とにかく名前を売込む」ことが重視された。〈五月丘・昭和 38 年・提供＝池田市〉

▶▼選挙の投票を呼びかける広報車のパレード　候補者は名前を連呼し、選挙管理委員会は投票するよう連呼する。垂れ幕を掛けた選挙広報車は、単独でなく列をなして市内をパレードした。〈右＝菅原町、下＝池田市内・昭和 37 年・提供＝池田市〉

▲◀原水協（原水爆禁止日本協議会）世界平和大行進　原水爆の廃絶を求めて市内をパレード。超党派の運動だったはずだが、この年ソビエト連邦（ロシア）が核実験を行い、それへの対応を巡って党派が対立。昭和40年には原水協と原水禁（原水爆禁止日本国民会議）に分裂した。〈上＝菅原町、左＝池田市内・昭和36年・提供＝池田市〉

▶平和安全協議会の結成記念パレード　昭和37年に池田市は「平和安全都市宣言」を行った。その推進役として同協議会がつくられた。公会堂で結成集会を行い、五月山公園までパレードした。写真、小学生の鼓笛隊の背後に、池田本町通商店街のアーケードが見える。〈栄本町・昭和37年・提供＝池田市〉

▲ニューウエストミンスター市との吹奏楽交歓演奏会①　カナダ南西部、バンクーバーに近いニューウエストミンスター市の青少年吹奏楽団が、池田市の吹奏楽団と交歓演奏会を開いた。写真は市中パレード。現在の桜通り、池田職安前交差点南側付近のようすがよく分かる。〈栄本町・昭和 41 年・提供＝池田市〉

▲◀ニューウエストミンスター市との吹奏楽交歓演奏会②　演奏会は公会堂で行われた。上の写真は公会堂前。おそらく終演後で、並んでお見送り。左の写真は公会堂内の演奏。〈城南・昭和 41 年・提供＝池田市〉

▲▶ローンセストン市との姉妹都市提携

池田市は昭和40年11月、オーストラリアの東部南方の島、タスマニア州にあるローンセストン市と姉妹都市提携を結んだ。学生の文通が縁である。上の写真は提携の調印式。右の写真、記念の市内パレードが市立池田小学校に入る。式は同校講堂で行われた。〈大和町・昭和40年・提供＝池田市〉

▲商工祭の仮装行列①　商工祭は市民カーニバルの前身ともいえる。池田商工会議所設立 10 周年記念を兼ねる、大規模な仮装行列。「祝アーケード完成」の看板が掛かった石橋商店街を通る。〈石橋・昭和 35 年・提供＝池田市〉

▶▼商工祭の花自動車（？）（右）と、作り人形《もん》（下）　右の写真、背後の乗りもののこちら側が昔の鉄道の展望車のようになっており、専用の花自動車か曳き屋台のようなものと思われる。下の写真は大和町商店会の作り人形。〈右＝栄町・昭和 30 年、提供＝匿名（池田市在住）／下＝大和町・昭和 36 年・提供＝池田市〉

▲商工祭の仮装行列②　仮装行列が池田の商店街を巡回し、西本町の交差点にやってきた。「金物百貨」「石原商店」の看板。見物は自転車が多い。仮装は時代行列である。〈西本町・昭和 35 年・提供＝池田市〉

▲商工祭のアドバルーン　池田商工会議所から、アドバルーンがいくつも揚がる。左の建物は公会堂側面。高い建物が少ない時代には、アドバルーンの高さはほどよく、効果があった。〈城南・昭和 38 年・提供＝池田市〉

▲久安寺で映画撮影　映画タイトルは不明。添書きには「日活映画久安寺ロケ」とだけある。時代劇。槍を持つ足軽と侍。見物にも、着物姿が混ざる。〈伏尾町・昭和 39 年・提供＝池田市〉

◀▼市の広報映画「ぼくらの町」撮影　この年、広報映画「ぼくらの町」が撮影された。左の写真は池田カンツリー倶楽部。下の写真、小学生が商店街のお店を調べる。〈左＝畑、下＝栄町・昭和 36 年・提供＝池田市〉

フォトコラム　前の呉服座

えー、本日もいっぱいのお運び、ありがとうございます。本日の出しものは「呉服座最後の日々」。劇場さんが主人公でございます。当代の呉服座さんじゃなく、猪名川沿いにございました、前の呉服座さんが主役です。

さてこの呉服座、場所は呉服橋南とはっきりしておりますが、じつは生まれ年がはっきりしておりません。明治七年頃、北隣の場所に戎座が建ちました。明治二十五年頃、その戎座が移築だか改築だかされて、呉服座になったんだろうとはいわれております。

じつは名前もはっきりしておりませんで、「くれはざ」じゃなくて「ごふくざ」と呼ばれることもあった。呉服座の紋所はお多福の顔が五つ並んだ形になっておりまして、福が五つで「ごふく」。ここいらへんは戎座が呉服座になってから、しゃれで考えついたのかもしれませんが……。

さてこの呉服座、掛けましたるものは、歌舞伎、女剣劇、浪曲、新派、漫才、浄瑠璃、映画。要は興行が当たるならなんでも掛けた。出ました俳優は川上音次郎・貞奴夫妻、広沢虎三、のちに長谷川一夫を名乗ります林長治郎……そうそうたるメンバーです。

お客さんはというと、池田のあたりは、昔はお百姓さんが多かった。とくにそら豆が出回る五月頃、田植えで大忙しになる前に、皆さん豆料理を持って、ご家族連れで歌舞伎を見にいらっしゃる。「豆芝居」なんて呼ばれておりました。

戦争で大阪は焼け野原になりましたが、池田の町は燃えなかった。大阪に劇場はなくなったけど、池田に行けば呉服座がある。役者も芸人もお客さんも、みなさん呉服座においでになります。藤山寛美や浪花千栄子、ラッパ・日佐丸なんて人たちが、大阪から人を連れてきて満員にする。豆芝居になると松竹の大歌舞伎が掛かる。この頃が呉服座の、いちばん繁盛した時期だということです。

でも、大阪はいつまでも焼けたままではありません。それに、映画はともかく、テレビなんてものが出てきたもんで。こうなるとそれまでのようには、お客さんは呼べなくなります。正月の顔見世と豆芝居にしか人が来なくなって、前の呉服座は昭和四十四年、商売を畳みました。

本日はそんな呉服座最後の一年の、開演前から終演まで、森本元さんのお写真でご紹介いたします。どうかよろしくご高覧のほどー。

▲猪名川側から見た呉服座　対岸からの撮影。北摂信用組合の広告看板が掛かる。呉服座はこの年閉館し、愛知県犬山市の明治村に解体移築された。昭和 59 年には国指定重要文化財となっている。〈西本町・昭和 44 年・提供＝森本元氏〉

▲呉服座劇場前　呉服橋から南へ入ったところ。手前が道路。木戸入口には、幟が立つ。周辺は町家が並んだ、旧街道沿いの趣を残す通りだった。木戸口に貼られた手書きの新年挨拶に、閉館の告知がある。〈西本町・昭和 44 年・提供＝森本元氏〉

▶▼もぎり（右）と、売店（下）　右の写真、劇場玄関を入って入場券をもぎってもらい、中に入る。下の写真、中に入ると、まず売店。湯気の立つ関東煮や、パン、お菓子などが売られている。〈西本町・昭和 44 年・提供＝森本元氏〉

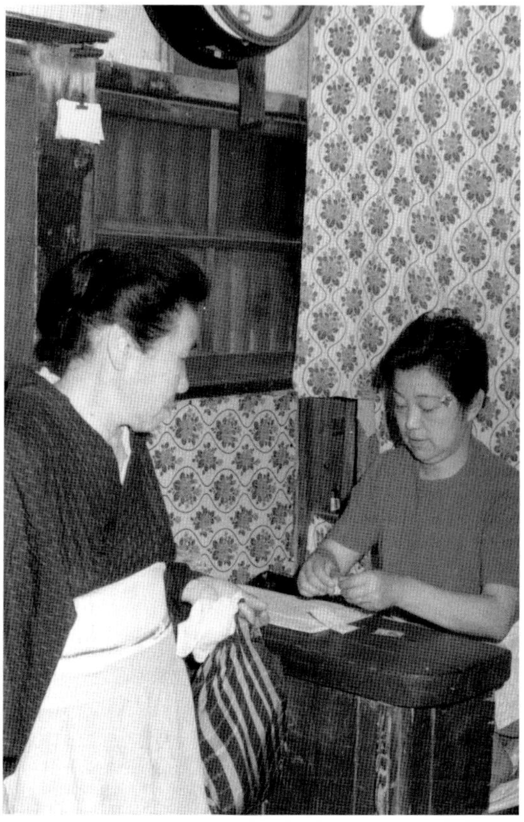

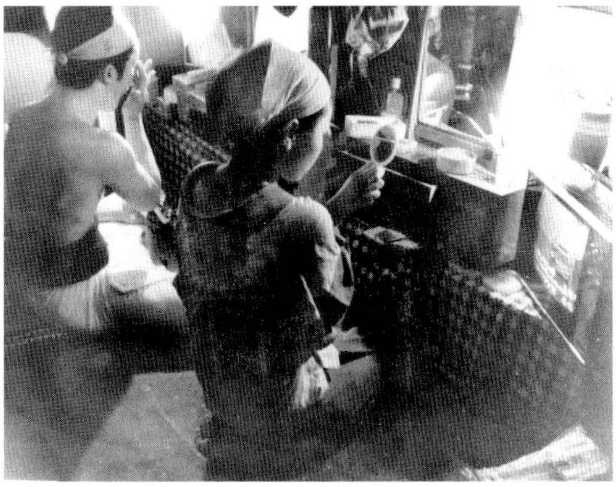

▲◀開演前の客席（上）と楽屋（左） 上の写真、客席１階舞台側は床席で、後ろはコンクリートの平土間。２階も床に座る。３階席もあった。平土間には椅子が出たが、閉館の報道で客が増え、奥は立ち見である。左の写真、開演前の役者は化粧に余念がない。〈西本町・昭和 44 年・提供＝森本元氏〉

▶開演前、口上 幕の前に座長が登場し、客席に向けて口上を述べる。「え〜、いらっしゃいませ。本日の出しものは……」。一通りのご挨拶のあと、いよいよ幕が開く。〈西本町・昭和 44 年・提供＝森本元氏〉

▲いよいよ開演　幕が開いて、芝居が始まる。写真右側に照明係のライト。ところが、花道には子どもの姿。開演前や幕間に、子どもたちは遊び半分で花道を走り回っていた。〈西本町・昭和 44 年・提供＝森本元氏〉

▶▼芝居（右）と歌謡ショー（下）　出演が大衆劇団の場合、基本演目は芝居と歌謡ショー。芝居は複数掛かり、歌には踊りを絡ませる。右の写真は芝居「吉良の仁吉」、下の写真は歌謡ショー。団員が演奏する。〈西本町・昭和 44 年・提供＝森本元氏〉

▲テープがつなぐ仲　歌謡ショーではテープが投げられる。手のあいた役者がひろい、歌い手に掛ける。何本ものテープが蜘蛛の巣のように、歌い手と客席の間を結んでいく。〈西本町・昭和 44 年・提供＝森本元氏〉

▶客席で踊る　舞台前の床席に降りて、役者が踊る。火鉢にあたりながら見入る人たち。一番前は、さすがに照れる。客席はすいているが、閉館の報道がない時期はこんなものだった。〈西本町・昭和 44 年・提供＝森本元氏〉

▲◀これにて終演　上の写真、係が幕を引いて舞台を走る。これにて終演。この写真は、閉館日のもの。これにて劇場も終わる。左の写真、役者は終演後も出てきて、客とふれあう。〈西本町・昭和 44 年・提供＝森本元氏〉

▶役者たちも出ていく　公演期間が終われば、役者たちは劇場をあとにする。セットを舞台上で荷造りして、客席から外へ。劇団名を書いた木の箱を担ぐ。〈西本町・昭和 44 年・提供＝森本元氏〉

3 池田駅から細河へ

この章から第五章までの三章は、池田市内のかつての景観を扱っている。池田市内を三つに分け、本章では、池田駅とその北側から旧細河村方面を取り上げた。第四章では石橋駅から池田駅手前までの阪急線路南側を、第五章では阪急線路北側を対象としている。

本章では、まず池田駅の周辺を取り上げる。ここには繁華街と官庁街があり、池田市の中心部といっていいだろう。このうち官庁街の建物については第二章で扱い、商店街内部については第六章に回して、あくまでも「景観」をこの章のテーマとしている。

最初に、池田踏切と宇保踏切という二つの踏切付近の景観を取り上げた。池田踏切は池田駅前商店街（サカエマチ）に、宇保踏切はかつてのダイエーに隣接する繁華な踏切であった。線路と駅の高架化にともない、踏切はなくなり、ダイエーは場所を変えている。今も多くの人の心に残るであろう地上の眺めを先に載せ、続くページでは建物上階から見下ろした写真を載せて、踏切と周辺との関係も示した。

駅前の繁華街に続いては、駅周辺の住宅街をテーマに入れ、火の見櫓など高所から撮った写真と、住宅街で撮られた写真とを組合わせて、ページを構成していった。

まず駅北側、桜通り沿いの市街や上池田、城山町方面を、続いて駅南東側、満寿美町方面を、そこから駅南西の室町、呉服町方面を経て、最後に駅前から北西方面の写真を収めた。ここで写真は駅から離れ、国道一七六号を槻木町へと進んでいく。猪名川沿いを新町までたどって、本章の前半部分とした。

ここで、構成上の区切りの意味も含め、五月山公園のコラムを置いた。

続く章後半では、木部町を出発点に、南から北へと旧細河村地区をたどっていく。この地域は国道一七六号から四二三号へという幹線ルートがあるが、国道沿いにとどまらず、古江町や、東山町の五月山山麓、吉田町の伏尾台の麓なども視野に入れ、面として地域を捉えていった。

章の最後には、昭和四十年代に造成された伏尾台の写真を掲載した。空間的に最北部、時間的に最新の市街地であるといっていいだろう。

▲池田商店街（サカエマチ）前の踏切を通る阪急電車　奥に商店街入口。池田駅の高架化は、下り線が昭和 58 年、上り線が 59 年。高架化以前は当然、踏切がある。両脇に歩道は無く、道幅は現在よりも広い。〈栄町・昭和 51 年・提供＝池田市〉

▲池田商店街（サカエマチ）前の交差点　遮断機は下りていないが、前ページの踏切を逆から見ている。すでにスクランブル式交差点。左側に池田駅前のロータリーがのぞく。駅舎はロータリー左奥にある。〈栄町・昭和 51 年・提供＝池田市〉

▲池田駅南西側の通り　右側に地上駅のプラットフォーム。やや狭い道幅の通りに小売店と買物客。現在も、多少この雰囲気はある。奥に呉服神社の、場所を動かす前の鳥居が写る。〈満寿美町～呉服町・昭和 51 年・提供＝池田市〉

▲ダイエー前の踏切を通る阪急電車　池田市役所前交差点を、郵便局から南に下がったところ。右にダイエーのビルがあり「よる８時まで営業」と垂れ幕が掛かる。ダイエーは再開発で移転し、今は駐車場。〈菅原町～満寿美町・昭和51年・提供＝池田市〉

▲ダイエー側から見た阪急の踏切　上の写真の踏切を反対側から見ている。閉まった踏切に沿って、自転車が道を渡る。踏切の向こうには、待っている人が多い。お好焼き屋の向こうの自転車店は、今もある。〈満寿美町～菅原町・昭和51年・提供＝池田市〉

▲池田駅前交差点南側付近　手前に踏切がある。58 ページ上段の方向を、上から見たところ。右の角にはクレハ薬局。左の角の洋菓子・フジヤから家並みは、今はサンシティ池田になっている。〈呉服町～室町・昭和 45 年・提供＝池田市〉

▲池田駅、駅舎前のロータリー付近　右のタクシーの右側に、駅舎入口がある。道路右側一帯は、今は駅前ロータリー。写真中央に写る酒屋は立退いて、ステーションＮビル１階に移った。〈栄町～菅原町・昭和 45 年・提供＝池田市〉

▶新築の市庁舎屋上から南東を望む　左下が市役所前交差点。右ページ下辺に解体前の旧市庁舎の屋根がのぞく。右奥に池田電報電話局別館（西日本電信電話池田姫室ビル）。その手前の神戸銀行ビル沿いの道に沿って、少しだけ線路が見える。池田駅は写真右外にある。〈菅原町から南東方向・昭和 48 年・提供＝池田市〉

▲◀桜通り東西の家並み　現在のステーションＮビルのあたりにあった消防署の火の見櫓から撮影。上の写真左下、左の写真中央下から、五月山に向けて桜通りが走る。〈上＝菅原町～大和町方面・昭和 43 年／左＝菅原町～栄本町方面・昭和 40 年・提供＝池田市〉

▲◀市立池田中学校付近　上の写真、グラウンド南の校門に、先生が立つ。登校する生徒たちの奥に、あわん堂。左の写真、昭和の終わり頃の学校周辺。左下には農地が写る。〈上池田・右＝昭和 36 年、下＝昭和 58 年・提供＝池田中学校〉

▲▶城山町の通り（上）と、鳩小屋（右）　上の写真、家屋が建て込んだ狭い通りに、お兄ちゃんと妹。側溝に蓋をする工事のあと。右の写真、屋根の上の鳩小屋に上る。この頃、鳩を飼うのがはやった。〈城山町・昭和 35 年頃・提供＝森本元氏〉

▲▶旧消防署から南側を望む　現在「カップヌードルミュージアム大阪池田」がある通りが手前から奥に向けて延びる。阪急の線路に踏切はない。上の写真の通り右側は、昭和40年代になると、右の写真のようにビルが立つ。〈満寿美町・上＝昭和35年頃、右＝昭和43年・提供＝池田市〉

◀側溝に小橋　満寿美町の住宅街の通り。積もった雪を子どもが丸める。道の横の側溝はけっこう幅が広く、住宅側との間に小橋が渡してある。〈満寿美町・昭和20年代後半・提供＝匿名（池田市在住）〉

▲旧消防署から南東を望む　中央右にダイエーのビルが立つ。線路手前側は現在のステーションＮビル東側。線路向こう、満寿美町側のほうが、ビル化が先行している。〈菅原町～満寿美町・昭和 43 年・提供＝池田市〉

▶▼池田駅近くの住宅街　右の写真は満寿美町。家族並んでパチリ。お母さんは着物。下の写真は菅原町。上段写真のダイエーから踏切を渡ったあたり。写真の頃は住宅街だった。〈右＝満寿美町・昭和 20 年代中期・提供＝匿名（池田市在住）／下＝菅原町・昭和 30 年頃・提供＝尾崎敏氏〉

▲旧消防署から西を望む　正面にパチンコ店の宣伝塔。その左手前、池田駅ホームの向こうに「池田マーケット」のビルがある。下段中央に地下から線路の向こうへ抜ける通路の入口がある。〈栄町〜呉服町方面・昭和 40 年・提供＝池田市〉

◀栄町の路上で　近所の子どもたちがずらっと並んで、車の前で写真撮影。道は舗装されていないようだ。背後に板塀。左端の子は裸足である。〈栄町・昭和 20 年代後半・提供＝戸田洋氏〉

▲◀姫室町の交差点で、信号の渡り初め　現呉服町交差点だと思われる。道を渡るのは呉服小学校低学年児童か。上の写真、右端にダイハツの方向を示す看板が立つ。左の写真、角に煙草屋があった。西北角に電報電話局の別館が建つのは昭和42年である。〈姫室町・昭和40年・提供＝池田市〉

▶室町幼稚園の塀越しに見える、室町の家並み　手前に室町幼稚園の園庭。板塀越しに、室町の家々が見える。室町の住宅街は、明治43年、「池田新市街」と称して、箕面有馬電気軌道（阪急）が開発・分譲した。〈室町・昭和20年代・提供＝室町幼稚園〉

▲池田駅前、国道 176 号沿い　住友銀行のビルが抜きんでて大きく、看板も目立つ。道路左側の何台ものバスは、66 ページ上段写真の、地下道入口前のロータリーに停まる。地上駅舎はさらに向こうにある。〈菅原町～栄町・昭和 35 年頃・提供＝池田市〉

▲池田駅前交差点、西向き　商店街南入口付近から撮影。左のビルには「池田名店街」「池田銀行」とある。その奥の池田駅西バス乗り場の上階には「コマボーリング」が入っていた。〈栄町・昭和 46 年・提供＝池田市〉

▲西本町交差点、南向き　呉服橋から流入した車が右折する。右側に寿命寺の門が見え、その奥に寺本薬局。道の左側にも看板が並び、まだ商店街の形を保っていた。〈西本町～槻木町・昭和46年・提供＝池田市〉

▶▼槻木町五月湯裏　国道176号と猪名川のあいだの、込み入った住宅街。今も営業する五月湯横の細い通りを入ったところ。右の写真のどぶ川は、水はきれいだった。下の写真は、板橋を渡った家屋内から外向きに撮影。〈槻木町・右＝昭和36年、下＝昭和40年・提供＝菅原和子氏〉

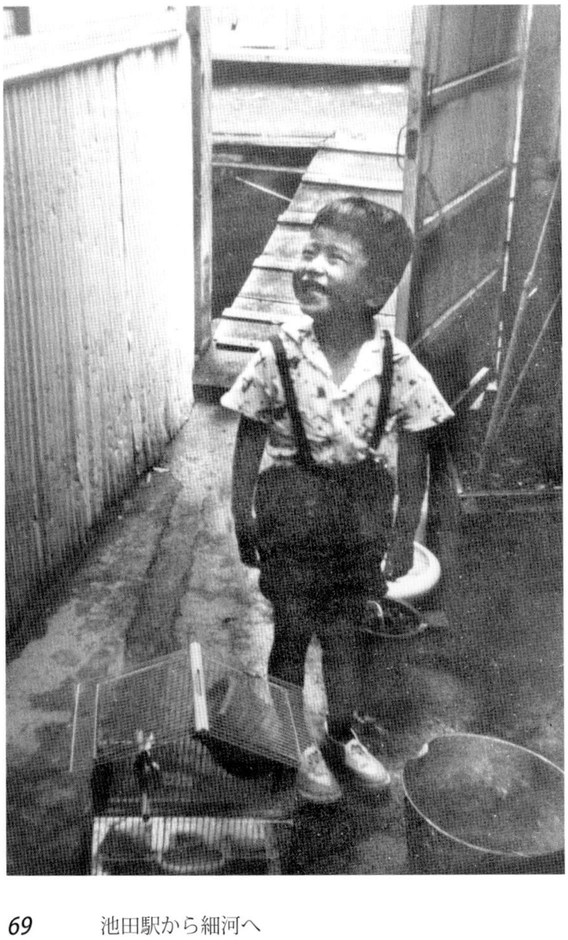

◀猪名川沿いの家並みと五月山　呉服橋西詰上流側から撮影。まだ石積みの護岸の上に、新町の家々が立並ぶ。五月山山上には鳥居と秀望台が見えている。〈新町・昭和50年頃・提供＝中井輝雄氏〉

▲▶泳げる川（上）は、泳げない川（右）に　呉服橋付近、池田市側から川西市方向を撮影。上の写真は橋下流。附属池田中学校の生徒たちが川で泳ぐ。右の写真は橋上流、池田警察署と防犯協議会の連名で、水に入らぬよう呼びかける。〈西本町〜川西市・上＝昭和26年・提供＝好川清子氏．附属池田中学校、右＝昭和35年・提供＝池田市〉

▲伊居太神社付近から見た新町の家並み　上段写真の上流側。美しい瓦屋根が川沿いに並び、中橋、呉服橋、阪急鉄橋が写る。下の道が国道 173 号。「神戸屋パン」の看板が掛かる。〈新町・昭和 46 年・提供＝中井輝雄氏〉

フォトコラム 五月山公園

古来より多くの人々に親しまれてきた五月山。池田山とも呼ばれ、春の桜・秋の紅葉をはじめとして、四季折々の自然豊かな里山である。昭和三十年代の初めごろまで、燃料として山に入りマキや落ち葉、春にはワラビ、秋にはマッタケを採った山であった。松の木が多い山であったが、生活様式が変わり、山に入って燃料としての落ち葉やマキを採ったりすることがなくなると、落ち葉が積もって土地が肥えアカマツが育たなくなっていった。

昭和二十六年三月、武田市長（二期目）の重点施政方針の一つとして、五月山公園・五月山産業観光道路の建設が発表された。昭和二十四年に施行された国の緊急失業対策法により、国の補助が得られることもあり、五月山幹線園路（五月山ドライブウェー）の建設、林道工事と五月山公園の整備事業が行われた。

五月山の西南斜面には広場・野外ステージ・児童遊具・休憩所・照明・植樹などが整備され、五月山公園が完成したのは昭和二十九年三月であった。日本一小さい動物園の始まりは、昭和二十七年に宮城県の金華山島から来た十頭の鹿が公園で公開されたことで、それがもとになって飼育舎ができた。子どもたちの人気の的であった。

五月山公園には後に色々なものが造られていく。「鳩ぽっぽの歌碑」もその一つである。昭和三十八年の「こどもの日」に建立された。童謡「鳩ぽっぽ」「お正月」「鯉のぼり」は東《ひがし》くめ作詞、滝廉太郎の作曲で有名になった。東くめは和歌山県新宮市の出身であるが、大正六年（一九一七）に夫である東基吉が池田師範学校に校長として転勤となり、一緒に池田にやってきた。室町の自宅で八十歳を超えても元気でピアノ教室を開いていた。

五月山のシンボルになった日の丸展望台は、昭和三十九年に山頂近くの標高三一四・九メートルの所に建設された。池田市に居住し、中井エンジニアリングの創始者であった中井梅太郎が私財を投じて建設し、土地ごと池田市に寄贈したものである。

▲トロッコのある五月山林道　トロッコは五月山公園を整備したときに設置されたと思われる。仮設の線路が二股に分かれ、左はすぐ先で止まっている。簡素な木の貨車が線路脇にある。〈綾羽・昭和28年頃・提供＝池田市〉

▲▶慈母観音像開眼式　五月山ドライブウェイ入口手前に立つ慈母観音像は、篤志で建てられ、開眼式は盛大に行われた。上の写真、市長や僧侶はオープンカーでパレードしながら公園に向かう。右の写真、像の除幕の瞬間。〈上＝菅原町、右＝綾羽・昭和36年・提供＝池田市〉

◀▼展望台の開設　狭義の五月山公園は五月山西側になるが、広義の同園はドライブウェイを含み、かなり広い。左の写真はドライブウェイ東奥の日の丸展望台の開設時。下の写真の展望台はもみじ橋から下りたあたりにあった。〈左＝五月山・昭和39年、下＝綾羽・昭和40年・提供＝池田市〉

▶▼五月山花まつり（さくらまつり）のステージ　桜の名所である五月山公園では、毎年花の頃にイベントが行われる。この年のステージには音楽漫才が登場。右の写真はステージ側からの撮影。身を乗り出す子どもたち。下の写真は客席側からのもの。〈綾羽・昭和 37 年・提供＝池田市〉

▶▼五月山公園の児童水遊び場　かつては児童遊園に、遊具とともに小さな浅いプールが設置されることが多かった。五月山公園にも昭和 36 年、同種のものができた。右の写真はプール入口を、下の写真はプールのようすを示す。噴水池程度のものである。〈綾羽・昭和 38 年・提供＝池田市〉

◀▼**五月山公園のすべり台①**　五月山公園には、斜面を利用したやや長いすべり台があった。途中で傾斜をゆるめて、スピードの出過ぎを防ぐ。掲載写真以外にも複数の方からのご提供があり、当時の人気がうかがえる。〈綾羽・左＝昭和30年・提供＝匿名（池田市在住）、下＝昭和20年代後半・提供＝戸田洋氏〉

▲**五月山公園のすべり台②**　母子連れの3人の右奥に、すべり台の下り口が見える。右の写真の斜面の階段を上ったところ。平坦になっていて、そこから斜面をすべり下りる。〈綾羽・昭和29年・提供＝尾崎敏氏〉

◀**五月山動物園、シマウマ園舎前**　兄弟とお父さんとで、動物園に行った。シマウマの檻の前で、お父さんがパチリ。同園は昭和32年の開園。現在シマウマは飼っていない。〈綾羽・昭和44年頃・提供＝安黒公二氏〉

▲木部町の家並み　田の向こうに、造園業が盛んな地区らしい植栽、その向こうに家々の屋根が見える。右に火の見櫓が立つ。その先に紀部神宮と曹洞宗の永興寺がある。奥は五月山。〈木部町・昭和 49 年・提供＝中井輝雄氏〉

▲木部町の信号の点灯式　現在の木部町の絹延橋交差点かと思われるが、道路左側が全く変わっている。道路左は現在、阪神高速 11 号池田線の高架である。警官に守られながら、神官や細河小学校の児童が渡る。〈木部町・昭和 44 年・提供＝池田市〉

▲◀木部町の通りの変遷　五月山側ではなく、余野川が猪名川に合流した下流東岸の住宅街。上の写真の砂利の多い通りが、左の写真の舗装道になった。左の家は煙草屋を始めている。〈木部町・上＝昭和32年、左＝昭和50年頃・提供＝伊藤悦子氏〉

▲余野川の、猪名川合流点上流側　合流点右は木部町。左は古江町。上流側は川をまたいで中川原町。右下に前ページ写真の住宅街。上部右端に当時の細河小学校が写る。〈木部町、古江町、中川原町・昭和 43 年・提供＝大阪府池田土木事務所〉

▲細河小学校生の交通整理　横断歩道上に、児童がぞろぞろ。実際の道路上で、道を渡らせる練習。交通量が多くてはとてもこんなことはしていられないが、車社会は迫っている。〈中川原町・昭和36年・提供＝ほそごう学園〉

◀古江町の道路拡張予定地　モータリゼーションは進行し、古い集落でも道路は車仕様に変更されていく。正面に「注意!! スピード落とせ」と看板が立つ。〈古江町・昭和44年・提供＝池田市〉

◀▼一本松（左）と、東山バス停（下）　東山町、国道 423 号沿い。左の写真の一本松は、当時は有名で国道上の目印になった。下の写真、バス停は現在地ではなく東山交差点の所。左奥に天理教会が写る。〈東山町・左＝昭和 10 年代・下＝昭和 35 年頃・提供＝谷向晴男氏〉

◀東山町の民家で　東禅寺近くの民家。右に門があり、こちらが門の内。塀の向こうは山の木々である。築地塀で囲まれていた。この塀は平成 7 年の阪神淡路大震災で倒壊した。〈東山町・昭和 17 年・提供＝谷向晴男氏〉

▲◀吉田町の道路（上）と、伏尾町の千代橋（左）　道路や橋は、常に整備が必要である。上の写真は吉田町の道路の舗装工事。道路脇に土が見えるが、これにて完了。左の写真は千代橋の架橋工事。久安寺から余野川に向けて降りていったところにある。短い橋だが谷が深い。写真提供者のお父様が建設にたずさわった。〈上＝吉田町・昭和38年・提供＝池田市／左＝伏尾町・昭和6年・提供＝溝口正孝氏〉

▶▼慈恩寺付近を行く山伏　毘沙門天といったほうが、通りがいいかもしれない。伏尾台の西側裾のお寺。右の写真、当時あった寺手前の谷沿いを山伏が通る。下の写真、坂道手前までは、車でやってきた。〈吉田町・昭和40年前後・提供＝慈恩寺〉

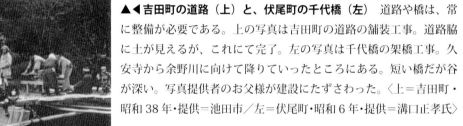

▲◀伏尾台の宅地造成　伏尾台の造成は昭和 45 年、入居は昭和 47 年から始まったが、関連法規の変化もあり、完成は昭和 60 年になった。上の写真、手前の造成中の土地がクレーターのように見える。左の写真、伏尾台へ続く橋に伏尾台小学校の児童たち。「造成工事」と看板が掛かる。〈上＝伏尾台・昭和 53 年・提供＝池田市／左＝伏尾町・昭和 57 年・提供＝ほそごう学園〉

▶伏尾台、進行する造成　造成地の全体が写る。左側、昭和 47 年入居開始の伏尾台 1 丁目にはすでに家が立ち並ぶ。伏尾台小学校は昭和 55 年、細河中学校は写真の年・昭和57年に開校した。〈伏尾台・昭和57年・提供＝ほそごう学園〉

4 箕面川の、北と南と

この章では、石橋駅から池田駅手前までの、阪急の線路南側の景観を扱っている。面積は広く、市北部のように山があるわけでもないので、全体が写真掲載の対象となる。そのため、地理的な区切りとして、箕面川を使うことにした。章の前半には川の北側の、章の後半には川の南側の写真を掲載することとし、章題は「箕面川の、北と南と」とした。

この地域は田園地帯から住宅地へと変遷しており、平地でもあって、景観上のランドマーク（大きな目印）が少ない。そのため、場所の説明としては、学校を大きな拠り所とした。

まず航空写真を使って、本章が扱う地域の全体と、それを区切る箕面川の流れを示した。

続いて、石橋駅を出発点に、宣真高校の生徒たちとともに、かつての通学路をたどっていく。赤い橋を渡って箕面川を越えると、阪急の線路に沿って進み、のちに池田バイパスとなる道を経て、宣真高校に到着する。

そこからさらに西へ進むと、園芸学校から北豊島中学校に到る。周辺では石橋荘園、営団団地、神田町団地など、田園の中に、時代とともに、住宅が場所を占めていく。南へ下がって北豊島小学校のほうへ向かえば、中国自動車道の向こうにダイハツの本社・第二工場が現れる。

ここで視点を阪急の線路沿いに戻して、歩みをまた西へ、八王寺、宇保と、池田駅の手前まで見ていった。このあたりは現在は住宅街であるが、かつては駅近くまで田園の趣があった。池田団地から西へ、八坂神社までたどって、本章の前半とした。

ここで、構成上の区切りとして、ため池についてのコラムをはさんだ。

章後半では、再び石橋駅に戻り、今度は駅南側を、石橋南小学校へとたどった。その後、国道一七一号に沿って、中之島から北今在家へと写真を収めていった。

さらに南へ、住吉神社の南の、埋められる前の大きな前池をへて、大阪国際空港に到り、この章は終了する。

▲池田バイパスを行進する象　千里丘陵で開かれた大阪万博では、タイから象がやってきた。船で神戸港に着き、国道171号を歩いて会場まで往復。写真、園芸高校付近を行く。〈八王寺・昭和45年・提供＝中井輝雄氏〉

▲石橋駅付近上空から西向き　本章で取り上げる地域が写る。写真下端中央から流れる箕面川が、写真上部で猪名川に合流する。章前半では写真右に写る阪急の線路の左側（南）から箕面川までの地域を、コラムをはさんだ章後半では、箕面川左、川の南側の地域の写真を掲載している。〈石橋以西～西南・昭和 30 年代・提供＝北豊島小学校〉

◀宣真高校生の通学路①　石橋駅西口を出る宣真高校の生徒たち。無地のセーラー服に大きなリボンがこの頃の制服。改札と道の位置関係が今と少し違う。〈石橋・昭和 34 年・提供＝宣真高校〉

▶宣真高校生の通学路②　石橋商店街北端の箕面川に架かる赤い橋を渡る。商店街入口ゲートの横幕に「毎月 18 日は商店街の定休日」と横幕が掛かる。〈石橋・昭和 34 年・提供＝宣真高校〉

▲◀宣真高校生の通学路③　右ページ下段写真の赤い橋と天神橋の間には、もう一つこのような小さな橋があった。P101 上段の写真ではすでになくなっている。左右の家は今でもある。〈天神・昭和 34 年頃・提供＝宣真高校〉

▲宣真高校生の通学路④　商店街を抜けて、箕面川を渡った先。右側に阪急の踏切がある。生徒たちはここで右折せず、阪急沿いの道に入る。踏切は今はなく、道路が掘り下げられて線路の下を通る。〈天神・昭和 34 年・提供＝宣真高校〉

▶宣真高校生の通学路⑤　戦前、宣真高等女学校時代の通学風景。阪急の線路沿いを生徒たちが石橋駅へ向かう。型の古い阪急の車両が、３両編成ですれ違う。２年後の満州事変から、日本は戦争の時代に突入する。〈天神～荘園・昭和４年・提供＝宣真高校〉

▲宣真高校生の通学路⑥　これは阪急沿いではなく、南回りの下校風景。天神橋から南向きに撮影。写真左の浅井自転車店の先を左に曲がると石橋駅西口である。〈石橋・昭和34年・提供＝宣真高校〉

▲池田バイパス予定地①　天神交差点付近から西向きに撮影。奥に宣真高校の校舎が見える。手前から奥へ延びる土の道が、このあと国道171号のバイパスになった。〈天神～荘園・昭和43年・提供＝茨木市〉

▲池田バイパス予定地②　上の写真の道を、宣真高校から逆向きに撮ったと思われる。石橋荘園の瓦屋根の住宅街が写る。道は右奥に少しのぞいている。〈天神～荘園・昭和43年・提供＝茨木市〉

◀戦前の園芸学校（園芸高校）周辺　現在の府立池田高校の場所にあった園芸学校は、昭和16年、現在地に移転。実習用の農地は先駆けて、昭和13年から移している。写真、この年作った田圃に田植えをする生徒たち。奥に荘園の住宅街と阪急の電化柱が見える。〈八王寺～荘園・昭和13年・提供＝園芸高校〉

▲▶石橋荘園（上）と営団住宅（右）　上の写真、石橋荘園は、大正中期に宅地転換された、古い住宅街。家並みは昭和に入ってから徐々にできていった。右の写真は、戦時中に住宅営団が「石橋住宅」の名で分譲した営団住宅。園芸高校の南東側である。〈上＝荘園・昭和34年・提供＝池田市／右＝豊島北・昭和31年・提供＝白石節子氏〉

▲▶増えていく集合住宅　昭和30年代半ば以降、住宅不足がいわれ、公営の団地が増加する。上の写真、田植えをする園芸高校生の向こうに、池田団地（アルビス池田）。右の写真、北豊島中学校南には神田町団地が建った。〈上＝八王寺・昭和38年・提供＝園芸高校／右＝豊島北・昭和37年・提供＝北豊島中学校〉

◀北豊島小学校の子どもたちのたまり場　「菓子 日用品 なかむら」の前に、自転車で乗り付けた児童がたまる。こういう場所は、子どもには必要。奥に火の見櫓が立っている。〈豊島北付近・昭和53年・提供＝北豊島小学校〉

▶北豊島小学校南、下校する児童たち　電柱に住所表示があり、学校のすぐ南。道路右に床屋のサインポールがある。ランドセルではなく皆同じリュック。１年生の集団下校だろう。〈豊島北付近・昭和53年・提供＝北豊島小学校〉

▲◀北豊島小学校校舎西側の眺め　上の写真、学校から西へ向かう通りがT字型になっており、周辺には畑が残る。阪神高速につながる高架化はまだなされておらず、中国自動車道の料金所が見える。奥にダイハツ本社の第2工場。左の写真は上段写真の左側。ダイハツ本社のビルが写る。〈豊島北～ダイハツ町・昭和48年・提供＝北豊島小学校〉

▶北豊島小学校南西のお家の庭で　物干しの前に並んで、はいポーズ。若い息子さんが、お孫さんを見せに来たのだろうか。この頃にはまだ、女性は着物に割烹着で家事をすることもあった。〈豊島北・昭和40年頃・提供＝中村知弘氏〉

▲八王寺の農地　夫婦池（貯水場）の東北側から南西を撮ったものか。奥にダイハツの工場が写っているようである。同地区にはすでに昭和33年から池田団地（アルビス池田）が立っている。〈八王寺・昭和47年頃・提供＝中井輝雄氏〉

▶池田団地（アルビス池田）に健診車　添書きには「宇保団地」とある。「八王寺」の地名は昭和40年以降のもの。「はと2号」と書かれた市の健診車が、団地にやってきた。女性が集まる。〈八王寺・昭和36年・提供＝池田市〉

▲宇保町の農地と家並み　手前の狭い田の向こうが少し坂になっており、瓦屋根の家並みがある。奥の木々は猪名津彦神社だろうか。写真のような眺めは、この頃すでに「消えゆく風景」である。〈宇保町・昭和 47 年頃・提供＝中井輝雄氏〉

▶▼宇保の民家　宇保町は池田駅から近いが、阪急の北側よりも、田園の趣があった。右の写真は茅葺きに瓦庇のお家。下の写真、虫籠窓を備えた土蔵がある。〈宇保町・昭和 47 年頃・提供＝中井輝雄氏〉

▲宇保町交差点　右の木々は池田団地（アルビス池田）のもの。左側、交差点手前は神田で、奥は宇保町。撮影当時は商店街のようになっていた。道幅が今と全く異なる。〈神田～宇保・昭和 52 年・提供＝池田市〉

▲宇保町交差点西入ル　上の写真の交差点を左折したところ。南側に店舗が続く。写真手前の「barber コーダ」は「HAIR DANK」と名を変えて営業を続け、今は写真の赤ちゃんがお客さんの髪を切る。〈神田・昭和 41 年・提供＝安黒公二氏〉

◀▲神田水路付近　左の写真、神田地区の灌漑用水路は、昭和 27 年に整備の手が入ったが、石積みやコンクリート化はされなかった。上の写真は工事翌年、傷んだ箇所の復旧を行った際に撮られたもの。〈神田・上＝昭和 28 年、左＝昭和 27 年・提供＝池田市〉

▶八坂神社周辺　写真上部が北。中央に神田の八坂神社。緑に囲まれ、南西部に集落がある。猪名川が蛇行した跡が半円状に取り巻く。〈神田・昭和 23 年・提供＝神田小学校〉

フォトコラム　池田のため池

池田市の平野部には、かつて多くのため池があったが、今は住宅地が広がり、ため池はほとんど姿を消してしまった。年間降水量も少なく、大きな河川は猪名川であり、それに次ぐのは箕面川である。そのため、両河川からの灌漑の及ばないところは、ため池に頼らざるを得なかった。

ため池は江戸前期までに築造されたものが多い。『増補御料地雑事記　乾』（麻田藩領地の記録）によると、下段写真の溝添池は東市場池として、「年暦不相知」と記されている。面積約二・三平方キロメートルもある大きなため池であったが、昭和四十八年に埋め立てられ、市民文化会館と豊島野公園になった。本書百ページの上段右端と下段に写る丁田池は、同書には「町田池」として、寛永十四年（一六三七）頃に出来たと記されている。今は石橋駅前公園である。

市内のため池を見ると、田畑の灌漑だけでなく、豪雨時に自分たちの集落を守る遊水池の役割も持っていた。上池田二丁目の辻ヶ池公園は、その名のとおり、辻ヶ池というため池であった。延享三年作成の「池田村大絵図」に慶長十六年（一六一一）に造られたと記されている。昭和四十年に公園になった。この公園は豪雨時に雨水を一時広場に貯留し、徐々に排水する機能も持っている。また、左ページ下段の夫婦池も、片方が貯水池となっている。同じような長方形をした池が二つ並んでいることから夫婦池と呼ばれていた。南の池は長い間、釣り池であったが、平成六年に夫婦池公園テニスコートになった。

ため池の中には、水月公園のように四つあった池の内、二つの池を残し、公園として整備された所もある。中段の池には中国・蘇州市から贈られた斉芳亭が水面に映える。

現在、平野部のため池で昔の原形で残っているのは、石橋三丁目、大阪大学の一角にある中山池だけである。

▲市民文化会館になった溝添池　現在豊島野公園の北に立つ市民文化会館は、かつて溝添池だった場所に建てられた。昭和50年開館。写真奥、阪急宝塚線の高架を電車が走る。阪急宝塚線の高架、そして遠方に五月山の山並みが写る。〈天神・昭和47年・提供＝中井輝雄氏〉

▲◀舟池（上）と、二尾池・葉坂池（左） かつて才尊地区には、四つの一連のため池があった。北から、新池、舟池、二尾池、葉坂池。新池は埋められて緑ヶ丘団地となった。上の写真の舟池は今もある。左の写真には、水月公園に現存する二尾池に加え、葉坂池も写っている。〈上＝昭和46年・提供＝中井輝雄氏／左＝昭和44年・提供＝池田市〉

▲▶貯水池になった夫婦池 上の写真は八王寺にあった夫婦池。南側は埋められて夫婦池公園となり、北側は貯水池になっている。右の写真はその際の工事風景。奥に池田団地（アルビス池田）が写る。〈八王寺・上＝昭和46年・提供＝中井輝雄氏、右＝昭和55年・提供＝池田市〉

▲石橋駅西側一帯　天神小橋上空から東北向きに撮影。右ページ上端に石橋駅が写る。右に国道171号。左奥から中央下端に向けて箕面川が流れる。左ページ上段、赤い橋北詰で護岸工事中。〈天神～石橋・昭和43年・提供＝大阪府池田土木事務所〉

▶石橋駅前公園になった丁田池

右奥に阪急の電化柱と池田銀行の看板、左奥に国道171号の高架が写る。この南の石橋前池公園から石橋南小学校にかけても、以前はため池だった。〈石橋・昭和55年・提供＝池田市〉

◀**箕面川下流側から見た赤い橋**　この頃架替えられ、拡幅された橋を、南側から撮影。両岸に木々が多い。〈石橋・昭和34年・提供＝宣真高校〉

▲▶石橋南小学校北の阪急踏切付近　上の写真の右側に、右の写真の踏切がある。旗を持った保護者が、児童が渡るのをサポート。上の写真左端に丸いポスト。現在は四角いポストになって、同じ場所にある。能勢街道と旧西国街道が交差する所である。〈石橋・昭和 53 年・提供＝石橋南小学校〉

◀石橋南小学校西側　登校する児童たち。写真中央奥の木造集合住宅は今もある。横断歩道は現在、なかよしこども園の門に合わせて、少し北にずらされている。〈石橋・昭和 58 年・提供＝石橋南小学校〉

▲中之島、正光寺付近　左端の鬼瓦のある建物が正光寺本堂で、手前はその北側一帯と思われる。いまは住宅が立て込むが、当時は農地があった。中央奥の建物は今はない。〈住吉・昭和 48 年・提供＝中井輝雄氏〉

◀中之島、天神小橋歩道橋の渡初め　国道 171 号。写真は逆光気味であり、住吉方面が写る。北豊島小学校の児童たちが、新設の歩道橋を渡る。現在は押ボタン式信号に変わり、歩道橋はない。〈住吉・昭和 40 年・提供＝北豊島小学校〉

▲国道 171 号、住吉交差点付近　手前、道の両側は農地である。中央奥に住吉交差点。その右奥のとよす本社の工場は、「とよすあられ」の看板を掲げる。バイパスができたためか、車が少ない。〈住吉・昭和 48 年・提供＝北豊島小学校〉

▲国道 171 号、北轟木の歩道橋　現在の住吉西交差点。歩道橋は、この年できた。添書きには「北轟木町」とある。この年住所表示の変更があり、以後「北轟木町」の町名はなくなった。〈豊島南～住吉・昭和 40 年・提供＝池田市〉

▲北今在家の信号の渡初め　国道171号、現在の豊島南1丁目東交差点。中国自動車道と国道の整備もあり、景観は今や全く変わっている。信号を渡る北豊島小学生。奥に菓子パンや自動車修理の店舗がある。〈住吉・昭和37年・提供＝北豊島小学校〉

◀北今在家、箕面川大橋への道　上段写真の交差点から、北に入ったところ。土の道。男の子はこの年、北豊島小学校に入学した。左奥に箕面川に架かる橋の親柱が写る。その後できた中国自動車道の橋に比べ小さいが、これが今も「箕面川大橋」である。〈住吉・昭和36年・提供＝家木幸治氏〉

▲▼宮之前、前池周辺　上の写真、住吉神社から空港方向。右ページ奥に格納庫の市松屋根が写る。下の写真は池の東側。住吉神社の南側参道を降りたところが「前池」だった。現在、池はほとんど埋立てられ、阪神高速のインターチェンジ。さらに中国自動車道も通る。〈住吉・昭和 37 年・提供＝宮之前町会〉

▲大阪空港の国内線見学場　木の柵で区切られた空港敷地外側にベンチがあって、離着陸が見られるようになっている。背後には売店もあった。左に旅客機の格納庫。滑走路は右奥方向。今は阪神高速 11 号池田線が眺めを遮る。〈豊島南～空港・昭和 35 年・提供＝森本元氏〉

▼▶空港地区付近　下の写真、手前に空港地区の農地。奥に集合住宅も見える。この頃から空港を巡る公害訴訟が始まった。右の写真は、同じ時に撮られたもの。奥が池田市空港 2 丁目である。〈空港・昭和 44 年・提供＝池田市〉

5 石橋駅から五月丘へ

この章では石橋駅から池田駅手前までの、阪急の線路北側の景観を取り上げた。この地域は阪急沿いの平地から北へ向けて、丘陵を経て五月山に到る傾斜地である。

章の構成としては、まず航空写真を使って、本章が扱う地域の全体を示した。

五月丘の団地と住宅については章後半に回すこととし、章の前半にはそれ以外の地区を、市道中央線の南側、市道中央線付近、府道箕面池田線付近と、三層に分けて掲載した。

五月丘ではあるが渋谷中学校の周辺は前半に置いた。また、緑丘に大きな場所を占める大阪教育大学の附属学校には第十章コラムをあて、本章では扱っていない

市道中央線南側の地域は、駅北側の井口堂を出発点とした。ここは、石橋とは区別された古い集落である。続いて池田高校の通学路にしたがい、石橋駅の東口から北へ、かつての狭間池西側まで進んだ。ここで一旦西へそれ、水月公園周辺や旭丘のショッピングセンター、住宅街などを扱った。その後、池田高校周辺の写真をまとめて掲載し、市道中央線南側の区切りとした。

次いで市道中央線へと進み、呉羽の里交差点とその東西を掲載した。そこから視線を上げ、北の山へ目を向けて、衣掛の松にも触れている。次いで山麓、畑地区の府道箕面池田線沿いを経て、渋谷中学校付近の写真でもって、本章前半を終えた。

ここで構成上の区切りとして、緑ヶ丘団地（アルビス緑丘）を含めた、公団住宅に関するコラムを置いた。

そのあと、本章の後半は、昭和三十年代に造成された五月丘の団地・住宅を扱っている。まず五月ヶ丘団地（アルビス五月ヶ丘）の開発に関連した二つの行事を掲載し、その後、昭和三十年代の五月丘の写真を載せていった。

住宅が立ち並ぶ前の造成地を載せ、できあがった五月ヶ丘団地（アルビス五月ヶ丘）での運動会を載せ、最後に五月山に登って、市立山の家の前庭から五月丘を見下ろした写真を載せて、本章を終えた。多くの青少年や市民が楽しいひとときを過ごした市立山の家は、平成二十八年に閉館している。

▲井口堂と旭丘の境　左が現在の井口堂２丁目、右が旭丘１丁目の、境の道だと思われる。添書きには「狭間線より市営住宅に到る」とあり、隣の写真に「才田町 市営住宅」とある。現在の井口堂２丁目にあった花園住宅。景観は全く異なるが、下り坂と山の形は変わらない。〈井口堂～旭丘・昭和28年頃・提供＝池田市〉

▲豊島北付近上空から北東向き　本章で取り上げる地域が写る。右下、暗くなっているが石橋駅。阪急の宝塚線が写真左端へ向けて延びる。本章はこの線路北側の地域を掲載した。写真中央に緑ヶ丘団地。その左上に五月ヶ丘団地。写真にはさらに北、五月山上の池田カンツリー倶楽部や、細河地区まで写っている。〈豊島北から北東方向・昭和 45 年・提供＝秦野小学校〉

▲阪急箕面線沿いの家並み　北西向き。現在は国道171号のバイパスが視線を遮る。左端の建物は新阪急ホテルの寮。右ページ中央で線路沿いの道が、バイパス建設用のプレハブ建築群に突当たる。そこから線路の向かいにかけては豊中市の飛び地。市域が入り組んでいる。〈石橋・昭和43年・提供＝池田市〉

◀井口堂の電柱に街路灯を設置　添書きに「外灯井口堂バス車庫」とあるが、詳しい場所は不明。この時初めて街路灯が付いたらしい。土の道に親子連れ。奥に集落がある。〈井口堂・昭和40年・提供＝池田市〉

▲石橋中学校の校地の造成　丘陵を削って校地を作る。奥に集合住宅が立つ。石橋中学校は昭和 53 年に開校した。隣接する石橋小学校は、すでに昭和 28 年にできている。〈井口堂・昭和 52 年・提供＝石橋中学校〉

▶敬老会館脇の三叉路　石橋駅から府立池田高校へ向かう通学路。右へ向かう通学道路の右側に、現在は敬老会館と老人ホームが立つ。空き地になっている角の土地にも、現在は民家が立っている。〈井口堂〜旭丘・昭和 45 年頃・提供＝池田高校〉

▶池田高校生の通学路①　奥に駅名を掲げた石橋駅東口。周囲に大きな建物はない。朝の通勤客が、駅を出た府立池田高校生とすれ違う。写真左の制服姿は、附属池田小学校に向かう。〈石橋・昭和 30 ～ 31 年・提供＝池田高校〉

◀池田高校生の通学路②　井口堂の阪急バス石橋営業所東側の道。この道を行くと前ページ下段の三叉路に出る。左の建物に「保証牛乳」の看板。この店はともかく、メーカーの大阪保証牛乳は平成 22 年まで活動していた。〈井口堂・昭和 27 年・提供＝池田高校〉

◀**池田高校生の通学路③**　道がカーブして坂を上がる。登校する生徒たちを、現在右手にセブンイレブンのあるあたりから撮影。坂の上右手に今は石橋公園がある。〈井口堂・昭和30年・提供＝池田高校〉

▶**池田高校生の通学路④**　池の向こうに学校が見える。現在の敬老会館から石橋公園の場所には、南北に分かれた狭間池があった。〈井口堂～旭丘・昭和27年・提供＝池田高校〉

◀**池田高校生の通学路⑤**　113ページ下段の写真にもあるY字路道路右側は、当時は中段の写真の狭間池である。下校する女子生徒たち。写真の4年前から新制高校となり、共学化した。〈旭丘・昭和27年・提供＝池田高校〉

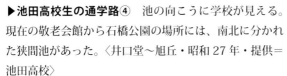

▲水月公園付近の家並み　道路に沿って民家が並ぶ。道は能勢街道。正面の茅葺き・瓦庇の家は、撮影から数年と経たず取り壊された。その奥にも和風の家並みが続く。〈鉢塚・昭和 46 年・提供＝中井輝雄氏〉

▲国道 176 号、光明公園前の横断歩道　左に光明公園の樹木の枝が見える。附属池田小学校児童の下校風景。旗を持った女性が渡らせる。右には警官も。現在、この場所に横断歩道はない。〈城南・昭和 40 年前後・提供＝附属池田小学校〉

▲◀旭丘のショッピングセンター　上の写真、道路右に「旭ヶ丘センター」が写る。左奥にゼネラル石油のガソリンスタンド。市道中央線のバス通り。左の写真は「旭丘トップセンター」前での青果の安売り。奥に看板の多いセンターの建物が見える。同一施設だろうか。〈旭丘・上＝昭和 45 年、左＝昭和 53 年・提供＝池田市〉

▶旭丘の生垣のある通り　旭丘 1 丁目。生垣が続く通りを、杖を持った着流しの男性が散歩する。現在も生垣はあるが、少数派になっている。〈旭丘・昭和 32 年・提供＝前田忠彦氏〉

▲▶池田高校周辺の変貌①　上の写真は戦争中のもの。左端に旧制池田中学校（府立池田高校）の正門が写る。農地の向こうに木造の校舎群。右の写真は昭和33年。北側に住宅が散在するが、学校周辺はまだ農地が多い。〈旭丘・上＝昭和18年頃、右＝昭和33年・提供＝池田高校〉

▼◀池田高校周辺の変貌②　下の写真、昭和40年代になると、周辺は住宅が立込むようになってくる。左の写真は50年代。右ページ中段の写真に比べ、住宅が増えたようすが分かる。〈旭丘・下＝昭和43年、左＝昭和42年・提供＝池田高校〉

▲▶呉羽の里交差点から西向き　道路左側が旭丘で、右側が畑である。上の写真、雨水が流れる泥の道を、自転車が走る。右の写真、市道中央線が整備されて以降、見違えるようになった。〈旭丘〜畑・上＝昭和26年頃、右＝平成2年・提供＝池田高校〉

◀▼石澄川橋、架替えの前後　上段写真の呉羽の里交差点を東へ進んだ、池田市と箕面市の境の橋。写真はいずれも、手前が池田市。左の写真に木造の橋の親柱が写る。下の写真はコンクリート橋に架替わったときの渡初め。〈左＝旭丘・昭和23年頃・提供＝前田忠彦氏／下＝畑〜旭丘・昭和35年・提供＝池田市〉

▲◀下渋谷、道路で遊ぶ子どもたち　上の写真、お父さんは下駄履きで相手をする。左の写真、道路奥の山がはげ山に近い。道路は子どもの遊び場である。〈渋谷・上＝昭和30年頃、左＝昭和25年頃・提供＝亀井真人氏〉

▶下渋谷、池沿いの民家　渋谷1丁目、穴織神社の宮下池の辺り。現在は民家が立込んでいるが、この頃はまだ田園地帯。池には柵もない。〈渋谷・昭和30年頃・提供＝亀井真人氏〉

▲下渋谷から五月山方向　手前に狭い農地、その奥に民家、さらに奥には一段高く、渋谷中学校と渋谷高校が入った校舎が見える。この頃は渋谷高校も市立で、両校は同居していた。〈緑丘～渋谷・昭和 25 年頃・提供＝亀井真人氏〉

▶▼秦山の衣懸の松　五月山のうちでも畑天満宮背後の山は、とくに「秦山」と呼ばれていた。右の写真、「衣懸の松」は、現在の池田カンツリー倶楽部衣懸コース南側に生えていた松のことで、秦山へ登る道の峠にあり、「峠の六本松」とも呼ばれていた。下の写真の頃には枯れかけており、その後すべて枯れて、現在は別の松が生える。〈畑・右＝昭和 36 年頃・提供＝奥村薫氏、下＝昭和 40 年代後半・提供＝富田好久氏〉

▶東畑の通り　府道箕面池田線ではなく、その南側。集落内を通る細い道は、かつて中山寺へ詣でる「中山道」だった。現在も土蔵のあるお家などが見られる。〈畑・昭和 48 年・提供＝中井輝雄氏〉

◀府道箕面池田線の拡幅工事　昭和 34 年に府道になった道路はこの頃、拡幅が行われた。写真の青年の家では庭先が削られ、門柱が抜かれて道路になった。背後に工事用の土管が写る。〈畑・昭和 36 年頃・提供＝奥村薫氏〉

▲▶市立渋谷中学・高校付近①　昭和38年11月まで、渋谷中学校と「市立」渋谷高校とは、現在の渋谷中学校の場所に同居していた。上の写真は学校からの眺め。右の写真は校舎へ上がる坂道。高校生が下校する。〈五月丘・上＝昭和26年、右＝昭和30年・提供＝渋谷高校〉

◀市立渋谷中学・高校付近②　拡幅された府道箕面池田線に池田駅とのあいだを結ぶバスが停まる。生徒たちは、駅前での赤十字募金活動（253ページ参照）から戻ってきた。〈五月丘・昭和37年・提供＝渋谷高校〉

◀▼市立渋谷中学・高校付近③　左の写真では農地と林だったプールの奥に、下の写真では五月ヶ丘団地（アルビス五月ヶ丘）の建物が登場する。右端の更衣室（？）も建替えられている。〈五月丘・左＝昭和 30 年、下＝昭和 37 年・提供＝渋谷中学校〉

◀市立渋谷中学・高校付近④　校舎北西角が写る手前の更地に、今は家屋が立込む。手前の電信柱は木製。交差点角ではコンクリート製になっている。〈五月丘・昭和 38 年・提供＝渋谷中学校〉

フォトコラム　池田の公団住宅

池田市に最初に大規模な公団住宅が出現したのは、日本住宅公団による五月ヶ丘団地である。五月丘宅地開発事業として、昭和三十一年から始まった。池田市発展のため、将来の人口は八万から十万が理想として、武田市長が積極的に住宅誘致を行い、人口を増やす団地建設が進められた。前年、鳩山内閣は、都市に集まる勤労者の住宅不足を解消するため、住宅建設の十カ年計画を発表し、日本住宅公団が設立された。この政府の政策により、全国的に公団による団地が建設されていった。

五月ヶ丘団地の建設は、五月山の山麓一帯の扇状地をまず区画整理事業で造成するということから始めなければならなかった。十八万坪（約六十万平方メートル）という広大な土地である。そこは丘陵地であるため、戦前からミカン畑が多かった。約百五十人の地主がおり、専業農家もあった。交渉は一部すんなりとはいかなかったが、昭和三十二年十月に起工式が行われた。

造成工事が進められていく中で、丘陵地にある池田茶臼山古墳が破壊されるという危機に陥った。池田茶臼山古墳は猪名川流域の貴重な前期古墳として知られていた。郷土史家の林田良平らの有志が中心になり、市民運動によって古墳は守られ、団地内に茶臼山公園として残されたことは忘れてはならないことである。

団地への入居は三十四年から始まり、三十七年四月まで続いた。総戸数一、五七七戸という市内最大の団地が出現した。

五月ヶ丘団地に続いて、同じく日本住宅公団によって、緑ヶ丘団地が造られ、三十九年に総戸数一、一三〇戸の大団地が完成した。この二つの大団地と前後して建設されたのが、池田（八王寺）団地の四三四戸、井口堂団地の二〇〇戸である。

これらの公団住宅によって、昭和三十五年からわずか五年間で池田市の人口は、一気に二万二、七九〇人も急増し、昭和四十年には八万二、四七八人となった。

▲緑ヶ丘団地（アルビス緑丘）と五月ヶ丘団地（アルビス五月ヶ丘）　手前に緑ヶ丘団地。その奥に隣接して大阪学芸大学（大阪教育大学）附属小・中・高等学校。さらに奥に五月ヶ丘団地が見えている。〈緑丘から五月丘方面・昭和39年・提供＝秦野小学校〉

▲◀五月ヶ丘団地（アルビス五月ヶ丘）の団地内景観　上の写真は団地内の通り。前年から入居が始まったばかりで、まだ街路樹はひょろひょろ。左の写真は公園越しに見えるスターハウス。景観が単調になるのを防ぐ意図があった。団地内には他にテラスハウスもあった。〈五月丘・上＝昭和 35 年、左＝昭和 37 年・提供＝池田市〉

▶池田団地（アルビス池田）横の信号の渡初め　神官が榊を振る。奥に「八王寺団地」とも呼ばれた池田団地。「八王寺」の地名になるのは昭和 40 年。それ以前は、宇保や神田である。〈八王寺・昭和 44 年・提供＝池田市〉

▶五月丘開発事業協力者に対する感謝祭①
この年8月の五月ヶ丘団地（アルビス五月ヶ丘）入居開始に先立って、公会堂で式典を行い、その後、バスを連ねて工事現場を見に行った。道路右手、市庁舎脇にバスが並ぶ。大阪市営バスが使われた。〈城南～菅原町・昭和34年・提供＝池田市〉

▲◀五月丘開発事業協力者に対する感謝祭②　上の写真、バスはこの頃拡幅工事が進む（123ページ下段参照）府道箕面池田線を西向きに進む。左の写真には建設中の建物が写るが、進行具合からして8月入居分ではないようだ。〈五月丘付近・昭和34年・提供＝池田市〉

▲五月ヶ丘団地（アルビス五月ヶ丘）完工記念式①　この年4月に最後の区画が完成し、完工記念式が行われた。写真は茶臼山公園での記念碑の除幕式。白い幕に包まれた碑の前で、神主の祝詞が響く。〈五月丘・昭和37年・提供＝池田市〉

◀五月ヶ丘団地完工記念式②
祝賀会は前年できた五月丘小学校体育館で行われた。同校の開校は昭和35年だが、学校の建物は遅れて36年になって完成している。〈五月丘・昭和37年・提供＝池田市〉

▲▶五月丘の分譲地　上の写真は五月丘小学校から撮影。すでに造成は終わり分譲が行われているが、家はまだあまり立っていない。右の写真、手前側の階段の奥に、また階段がある。奥の階段は現在木々に覆われる、五月平展望台への登り口である。〈五月丘・昭和 37 年・提供＝池田市〉

◀**五月丘の、土の坂道**　右ページ上段写真の２年後だが、坂道はまだ舗装されていない。奥の家の土台の斜面も、山を削った崖も、まだ土のままである。犬を抱えた少女が坂道を下りる。〈五月丘・昭和39年・提供＝川村三津氏〉

▶**五月丘の、舗装された道**　上段の写真と同じ時の撮影だが、この道はすでに舗装済。ただし、道の左側は草ぼうぼうに切り立つ。少女と犬が駆けてくる。〈五月丘・昭和39年・提供＝川村三津氏〉

▶五月ヶ丘団地自治会の運動会　新しい団地では新しく近隣関係を作らないといけない。団地自治会による、公園での運動会。運動会だが、浴衣で踊る。〈五月丘・昭和 37 年・提供＝池田市〉

◀五月丘 5 丁目から南西を望む　平成 28 年に閉館となった市立山の家付近から南西向きに撮影。人物の頭の左手に五月ヶ丘団地。中央右手のマンション群の向こうに池田中学校の校舎がのぞく。〈五月丘から南西方向・昭和 44 年・提供＝松田美沙子氏〉

6 交通と産業

明治四十三年に箕面有馬電気軌道（阪急電鉄）は大阪梅田から石橋・池田を通って宝塚や箕面に向けて走り始めた。池田停留所（池田駅）周辺に商店ができたが、昭和の初め頃はまだ街道筋の石橋、新町、綾羽町、本町などに生活物資の集散地のたたずまいが見られ、地域経済・地域文化の中心地ともいえる姿があった。

第二次大戦後、池田市は大きな被害は免れたとはいえ、極度の食糧難や経済の荒廃など極めて困難な状況から復興を目指した。昭和二十六年、全国で五番目の地方銀行として、地元の中小企業を支える池田銀行（泉州池田銀行）が設立される。昭和三十年前後の池田は、商人たちの熱意によって、かつての商都を思わせる賑わいであった。

交通面では、昭和四十五年の日本万国博覧会の関連事業として進められた道路網の充実によって、市民の利便性が著しく高まった。中国縦貫自動車道（中国自動車道）、府道大阪中央環状線、国道一七一号バイパスと石橋の跨線橋等が昭和四十年以降に完成し、さらに阪神高速道路の市北部への延伸があって、池田市の道路網は飛躍的に整備され、交通の要衝としての役割を担っている。また阪急電車は池田市内路線の高架化と池田駅周辺の再開発が昭和六十二年までに完了した。駅周辺の再開発については多くの都市のモデルになっている。

工業は発動機製造が社名をダイハツ工業とし、昭和三十六年に池田第二工場を建設。理研光学工業（リコー）大阪工場も稼働して電子技術の開発と生産が進む。大阪技術試験所（国立研究開発法人産業技術総合研究所関西センター）も含め、先駆的な工業技術家集団による製品が池田から生みだされている。

食品産業では、かつては酒造りとそのための桶作りなどの伝統もあった。茶の湯と和菓子の文化は盛んである。戦後には、大阪阿波座創業の「とよす」が石橋に進出した。安藤百福は自ら体験した食糧難の克服のためと言いつつ、昭和三十三年、呉服町で即席めんを発明し「魔法のラーメン」と言われて二十世紀の大発明となった。また、昭和四十八年には第一屋製パン大阪空港工場が稼働している。

一方、農地が広がっていた風景は一変し、農業従事者は激減した。そんな中、戦時中に強制的に作付け転換が指示され壊滅的な状態となった細河地区の植木は、復興期を経て大阪万博の頃には大いに活況を呈し、植木四大産地の一つとも称されている。

▲中国自動車道中国豊中 - 宝塚間の開通式　猪名川橋上。右に川があり写真奥が池田側。宝塚までパレードする。現在なら阪神高速 11 号池田線が写る。同線が池田木部まで通ったのは平成 10 年である。〈神田・昭和 45 年・提供＝池田市〉

▲池田駅北改札の駅舎　ホーム北東側。これが北改札で、線路の向かい側に南改札があった。下段の写真と比べると、駅名の看板が掛かる建物と、その左の建物をつなぐ庇がまだないことが分かる。〈栄町・昭和 47 年頃・提供＝中井輝雄氏〉

▲池田駅、駅舎前のタクシー用ロータリー　左奥に、上段写真以後に庇を伸ばした駅舎。右下隅は、池田駅前交差点。このロータリーは、タクシーや乗用車向けである。右の道路上に「バスのりば」と書かれている。〈栄町・昭和 49 年・提供＝池田市〉

▲◀池田駅東口、地下改札への入口 とバス用ロータリー 上の写真の中央やや上、バスのロータリーに面して屋根のあるバス停。バス停右に、地下改札への入口がある。左の写真は地下への入口を地上から見たところ。改札ができる前は地下通路だった〈栄町・上＝昭和 49 年、左＝昭和 54 年・提供＝池田市〉

▶池田駅地下改札、宝塚方面 奥に上り階段があるので地下改札だと分かる。「当改札口は宝塚方面専用です」と手書きで貼ってあり、別に大阪方面改札を示す貼り紙もある。地下改札は、上り下りにそれぞれ専用の改札口があった。〈栄町・昭和 57 年・提供＝池田市〉

▲高架化工事直前の池田駅と周辺　右下に池田駅前交差点南の踏切。大阪方面向きに撮影。左下隅の建物に隠れて 134 ページ下段写真のロータリーがある。まだ高架化されていないが、駅舎はふさいで前に仮改札を置いているようだ。〈栄町・昭和 55 年・提供＝池田市〉

▲高架化工事中の池田駅と周辺　上の写真の場所から線路をまたいだ位置から撮影。左手前に現在のマルシェ 3 番館の建物ができつつあり、道路をはさんで現在駅ビルのある場所が掘り下げられている。高架は地上線路の南側を通った。〈栄町・昭和 57 年・提供＝池田市〉

▲▶高架化する阪急の線路　池田駅の高架化は昭和59年に完成したが、石橋駅までの途中の高架化はそれ以前、昭和44年にすでに完了している。上の写真、部分高架化のため右側の線路が高架から下ってくる。右の写真は高架化完了後。〈池田駅～石橋駅間・昭和44年・提供＝池田市〉

◀▼再開発による立ち退き　池田駅周辺では駅高架化に合わせ、再開発も行われた。写真はいずれも市役所前交差点南の踏切。左の写真で角にある店が下の写真では立ち退いて、跡地はフェンスで囲われている。〈菅原町～満寿美町・左＝昭和49年、下＝昭和55年・提供＝池田市〉

▲◀阪急バス「池田東のりば」（上）と、バス降り場（左） 上の写真、池田駅ホームから「池田東のりば」の看板が見える。135ページ上段写真の地下道前ロータリー。ホームの柵はまだ木製である。左の写真では、134ページ下段の駅舎前ロータリー手前で人を降ろしている。〈栄町・上＝昭和30年代・提供＝辻泰子氏、左＝昭和39年・提供＝池田市〉

▶阪急バス「池田西のりば」 現在同様ビルのピロティ部分だが、撮影当時は道路側にも乗り場があった「尼崎 伊丹本町 方面」と表示が出ている。上にボーリング場があり、ビルから看板が突き出す。〈栄町・昭和43年・提供＝池田市〉

▲◀石橋駅、ホーム（上）と、出口付近（左）　石橋駅は西口側が繁華だが、周囲が立て込んで駅舎外観の写真が撮れない。ホームと出口付近の写真を挙げておく。上の写真は戦前の箕面方面ホーム。左の写真は西口を出たところである。〈石橋・上＝昭和4年、左＝昭和52年・提供＝宣真高校〉

▶▼石橋駅での線路の分岐　石橋駅は宝塚方面と箕面方面との分岐駅となっているのが特徴である。下の写真では分岐直後に踏切があり、あいだに建物が立つ。〈石橋・右＝昭和48年・提供＝北豊島小学校、下＝昭和戦前・提供＝小田康徳氏．池田市教育委員会（データ）〉

▲中国自動車道の工事現場を通園する幼稚園の園児たち　工事現場が通学路を横切るため、掘り返された土の坂を上って登園する。保護者か先生か、旗を持った女性が先導する。〈豊島北・昭和 44 年・提供＝池田市〉

▲池田バイパス建設前のダイハツ第 2 工場付近　右奥にダイハツの工場の屋根が見える。センターラインもない道は、このあと上下 4 車線の池田バイパスになる。上段写真の中国自動車道工事も迫るが、まだ見えていない。〈豊島北・昭和 43 年・提供＝池田市〉

◀市道中央線の拡幅工事　秦野小学校の南西角から西向きに撮ったと思われる。道路右が渋谷で、左が緑丘。道路だけでなく道路沿いの土地も、造成工事中である。〈緑丘～渋谷・昭和43年・提供＝池田市〉

▲市道石神線の工事　石橋駅西、箕面川西側から園芸高校と北豊島中学校のあいだを通って神田3丁目に到る道。写真は東端近く、豊島野公園南側だと思われる。掘り下げて固めており、拡幅工事だろう。〈天神・昭和41年・提供＝池田市〉

▲国道 176 号、石橋阪大下交差点　下り方向。交差点手前の道路右手は、今は石橋玉坂公園になっている。交差点奥右側に、現在は 6 階建てのマンションが立つ。〈石橋・昭和 41 年・提供＝池田市〉

▲国道 176 号、井口堂交差点　下り方向。現在は池田バイパスの高架が視線を遮る。横断歩道は細い線が引いてあるだけ。左角の「小泉運送」とある 2 階建ては、今もある。〈井口堂・昭和 41 年・提供＝池田市〉

▲国道 176 号、井口堂付近　下り方向。左に「畑喜酒店」の看板。右ページ下段の場所から 200m ほど進んだところ。歩道はないが道幅は広く、道路左右は追い抜きや駐車にも使われている。〈井口堂・昭和 41 年・提供＝池田市〉

▲国道 176 号、市役所前交差点　下り方向。右に、現在池田駅前公園のある場所にあった市庁舎。この信号手前は、今は右折レーンと直進・左折レーンに分かれる。当時も実用上、そうなっていたようだ。〈菅原町・昭和 41 年・提供＝池田市〉

▲呉服橋東詰の交通標語塔　モータリゼーションの進行は、利便性のを向上だけでなく、交通事故などの被害ももたらした。「もうごめん・交通暴力」と標語塔が立つ。「交通戦争」が流行語となったのは、昭和36年である。〈西本町・昭和40年・提供＝池田市〉

▲◀徒歩で（上）、騎馬で（左）、交通安全をアピール　上の写真は秋の交通安全運動。全国交通安全運動は昭和23年からあるが、昭和37年から政府の肝いりになった。左の写真は騎馬警官による啓発パレード。〈上＝栄町・昭和40年、左＝菅原町・昭和43年・提供＝池田市〉

▲山伏もトラック上から交通安全をアピール　自動車のパレードで交通安全をアピール。右から2台目の軽トラックの荷台に、山伏が立ってホラ貝を吹く。右手前の建物は現市庁舎の場所にあった公会堂。〈城南・昭和40年前後・提供＝慈恩寺〉

▲◀**交通安全デーの街頭指導①**　近畿各自治体の交通安全デーは、この年から毎月15日に統一された。街頭でビラを渡して交通指導。横断中にビラを渡すのは交通上よくないと思うが、この頃には問題にされない。〈上＝栄本町～槻木町、左＝菅原町・昭和39年・提供＝池田市〉

▶**交通安全デーの街頭指導②**　こちらは石橋駅近くでの交通指導。角の煙草屋の前でビラを渡す。交通指導員の服装の傾向が、このページの3枚の写真ですべて異なっている。〈石橋・昭和39年・提供＝池田市〉

▲池田小学校で交通教室　校庭に白線を引き、仮設信号を立てて、横断歩道を渡る練習。カートや自転車にも児童が乗る。〈大和町・昭和 39 年・提供＝池田市〉

▲◀通学路の警官人形（上）と、高架下の「交通公園」（左）
上の写真、自動車に意識させるためか、児童に横断規則を守らせるためか、呉服小学校の通学路に警官の人形が置かれている。左の写真、池田バイパス下の石橋２丁目公園はこの年できた。写真のような交通教室が行われ「交通公園」と呼ばれた。〈上＝姫室町、左＝石橋・昭和 45 年・提供＝池田市〉

フォトコラム　ダイハツ町１丁目１番地

日本最古の自動車メーカーであるダイハツ工業の本社と第二工場の所在地は「池田市ダイハツ町」と企業名を地名にしている。今日では全国各地に見られるが、以前神田町、北今在家町と言っていたところを昭和四十一年に改めた時はたいへん珍しかった。

ダイハツ工業は大阪府西成郡中津村、現在のＪＲ大阪駅の北側で創業した。明治四十年、大阪高等工業学校（大阪大学工学部）校長・安永義章博士と在阪の実業家・岡實康氏たちが、工場用エンジンの国産化を目指して設立した「発動機製造株式会社」が始まりと言われている。後続の会社が同様に「発動機」と名付けたので、顧客たちは区別のため「大阪の発動機」と呼ぶようになり、愛称として「大発」と言うようになった。

昭和五年に自動車用エンジンの製作をして試作車を作り、やがて量産型三輪自動車「ダイハツ號ＨＢ型」を発売した。日中戦争によって増産の必要性が生じ、生産工場の拡大が求められて、池田町（池田市）からの誘致を受け桃園に移転。工場は昭和十四年五月から稼働した。その前月、四月二十九日に池田市が誕生している。

アジア太平洋戦争の戦線拡大に伴って会社は陸海軍の軍需工場に指定された。そのころの様子を元社員が次のように語っている。

「工場では上陸用舟艇のエンジンや機関銃の弾倉、戦車のキャタピラを製造していた。従業員は七千人ぐらいだったが戦争が激しくなって次々と出征していった。代わりに学徒動員で現在の大阪大学，宣真高校や梅花高校など九校の学生たちが、朝七時の朝礼から十七時まで勤務していた。昭和二十年八月十五日の敗戦の後、みんなは飛行場が米軍に占拠されたら米軍機の修理工場になるのではないかと噂していた。」

戦後、朝鮮戦争の特需などにより、昭和二十八年には三輪自動車の生産累計が十万台になった。この段階での市場調査の結果、軽三輪車の需要が見込まれるとして、創立五十周年記念に合わせて「ミゼット」を発売し、まだ珍しかったテレビのコマーシャルとの相乗効果で爆発的に売れた。

その結果、また新たな生産設備が必要となり、昭和三十六年に池田第二工場を建設。さらに昭和四十年には本社社屋を第二工場の隣に移転した。平成十九年には創立百周年を記念して「人・地球にやさしいクルマづくり」というコンセプトで、本社南側に「ヒューモビリティ・ワールド」博物館を開館している。

▲ダイハツ工業池田第２工場内部　第１工場は戦前からあるが、第２工場は昭和36年に操業を開始。さっそく市が取材を行った。自動車のボディが吊り上げられていく。車種はハイラインのバンか。〈ダイハツ町・昭和36年頃・提供＝池田市〉

◀▲ダイハツ工業池田第２工場周辺　左の写真、できた当時の第２工場は、農地に囲まれている。上の写真、中国自動車道と池田バイパスができ、景観はガラッと変わった。「ダイハツ町」という地名は昭和41年にできた。〈ダイハツ町付近・左＝昭和36年頃・提供＝池田市、上＝昭和48年・提供＝北豊島小学校〉

▲池田バイパスができる前の第２工場東側
南向き。右にダイハツ工業本社ビルと第２工場、左手前に北豊島中学校のテニスコートがあり、その奥に神田町団地が写る。池田バイパスの工事はまもなく着工され、昭和45年には完成する。〈豊島北～ダイハツ町・昭和43年・提供＝池田市〉

▲▶**ダイハツの聖火コース走破隊の帰国を歓迎**　東京オリンピックにちなんで、ダイハツの聖火コース走破隊が、ギリシャのオリンピアから東京までを走破した。上の写真、公会堂前に車が入ってくる。右の写真、玄関前で花束を渡す。〈城南・昭和39年・提供＝池田市〉

◀**ダイハツの聖火コース走破隊が出発**　上段写真の走破隊が、公会堂前を出発する。車種はコンパーノ。オート三輪を作っていたダイハツが乗用車に進出した第一作で、この前年から販売を開始した。〈城南・昭和39年・提供＝池田市〉

▲市役所のダイハツ車　添書きに「庁内ダイハツ車撮影」とある。市役所が使っていたダイハツの車を、公会堂前にズラッと並べて撮ったらしい。この頃のダイハツはオート三輪メーカーの色彩が強い。〈城南・昭和 39 年・提供＝池田市〉

▶ダイハツ技能者養成所で　この頃の大手メーカーは、ダイハツに限らず養成所を持っていた。中学校卒業者に、月々 7500 円の教育手当を支給しながら仕事を教える。エンジンを前にスパナを手にする青年。添書きに「バラシ（解体）が好きだった」とある。〈桃園町・昭和 38 年・提供＝森本元氏〉

▶▲リコーの工場（右）と開発センター（上） リコーの池田工場は昭和36年、右の写真にある感光紙生産からスタートした。昭和56年には上の写真の電子技術開発センターが竣工している。〈姫室町・右＝昭和41年・提供＝池田市、上＝昭和56年・提供＝リコー〉

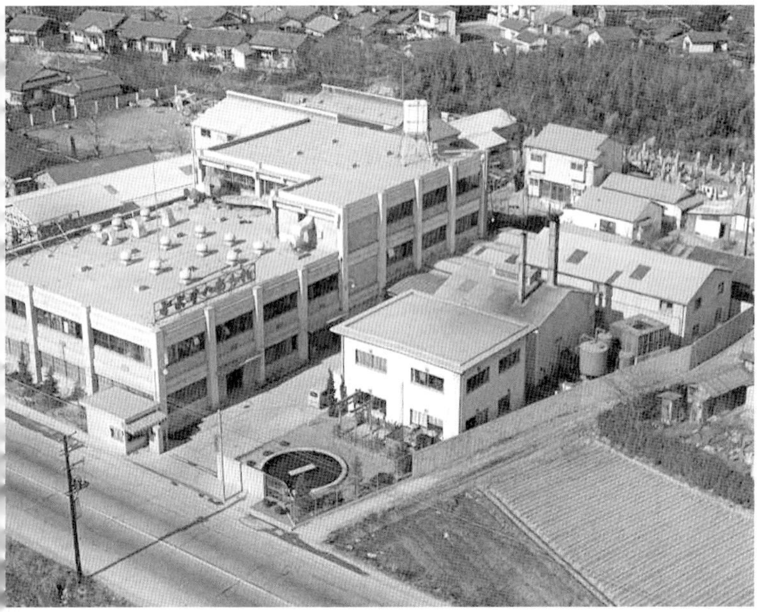

◀▼とよす本社（左）と豊洲六郎夫妻（下） 左の写真、ビルは現在4階建てだが、写真の頃は2〜3階建て。下の写真、戦前大阪であられ作っていた豊洲六郎は、戦後池田で豊洲食品工業（とよす）を設立した。〈左＝住吉・昭和42年頃、下＝昭和9年頃・提供＝とよす〉

▶第一屋製パン大阪空港工場を小学生が見学 「第一パン」で知られる第一屋製パンは、昭和48年に大阪空港工場を開いた。社会見学に来た小学生に、食パンの製造ラインを説明する。〈空港・昭和53年・提供＝池田市〉

▲吉祥・岸上商店の酒蔵　市内の酒造会社は昭和 45 年頃まで 7 軒あったが、現在酒蔵があるのは呉春と緑一《みどりいち》の 2 軒だけである。清酒「吉祥」を作っていた岸上商店は、写真の前年すでに廃業。建物はこのあと解体された。〈栄本町・昭和 46 年・提供＝中井輝雄氏〉

◀▼呉春の、杜氏（左）と酒造り（下）　左の写真、兵庫県多紀郡（篠山市）出身の杜氏の前掛けに「清酒 聖運 西田本店」とある。西田本店は現在の呉春。下の写真、この頃にはまだ、木の樽を使った酒造りが行われていた。〈綾羽・左＝昭和 20 年代・提供＝森本元氏、下＝昭和 36 年頃・提供＝池田市〉

▲細河の植木市　国道沿いに人が集まる。添書きに「月３回定期的に市が開かれ」とある。道の反対側に家屋が並ぶ、絹延橋の北側あたり。現在は阪神高速が走る。〈木部町・昭和 36 年頃・提供＝池田市〉

◀▼盆栽栽培のお家で　左の写真、子どもたちが盆栽に囲まれて遊ぶ。ひっくり返したりしないのかな？　下の写真、奥に、家に接して、温室が建てられている。〈木部町・昭和 30 年代後半・提供＝浦部勝氏〉

▲▶池田小学校北側にあった小林牧場　上の写真が牧場で、右は同牧場販売部の店先。現在の池田小学校の北側に、大正末の小学校移転以前から、盛衰はあれど昭和 39 年頃まであった。乳牛は子どもたちにも親しまれたという。〈大和町・明治末～昭和初・提供＝小林直美氏、池田市教育委員会（データ）〉

◀神田宮之原の共同田植え　神田小学校の西側、宮之原地区の生活改善クラブが行った。皆が協力して一枚の田に苗を植える。田植えと稲刈りは、機械化されるまでは非常な重労働だった。〈神田・昭和 39 年・提供＝池田市〉

フォトコラム

大阪うどんとチキンラーメン

「ラーメンの町・池田」が定着して、「カップヌードルミュージアム 大阪池田」への来場者で大賑わいですが、池田の「大阪うどん」もインスタントラーメンに負けてはいません。

池田では呉服橋のたもとに元治元年（一八六四）創業の老舗「吾妻うどん」が有名です。百五十年間受け継がれてきた主人の微妙な味づくりに魅せられて、各地からの来客が絶えません。東宝映画のロケに再三使われたり、以前には近くにあった呉服座に出演していた役者さんも訪れていました。

店の五代目考案の「ささめうどん」は、細い麺に生姜、胡麻の香りを加えた餡掛けうどんでお客の人気メニューです。うどんといえば香川県の「讃岐うどん」が有名ですが、池田の自家製手打ちうどんもその筋では名前が通っています。大阪うどんは出汁《だし》に重きをおいて吸いやすく、つゆは薄口醤油を使用し、色はうすく澄んでいます。大阪ではご飯のおかずとして出汁は全部飲み干すのが「通」と言われます。麺はしなやかで少し柔らかい麺が好まれます。

北摂のうどんの製麺業者は平成時代に激減し、今は二社程度になっていますが、昭和時代には百社近くありました。大正七年創業の「株式会社吉野商店」も、そんな製麺業者の一つです。

昭和十年に吉野商店に就任した主原宇市は、昭和三十二年頃、近くに住んでいた安藤百福から製めんについて相談を受けました。安藤は世界初のインスタントラーメンの開発に取り組んでいたのです。宇市の六男で当時小学生だった主原安浩は「チキンラーメンができたとき安藤から三十食入りのものを二ケースいただいた。おいしかった。」とおっしゃっています。安藤はスープについては、阪急百貨店に出店している「鳥芳」から鶏肉を仕入れて研究したそうです。

また後日、チキンラーメンの製法特許をめぐる訴訟の際「宇市さんが日清食品側の証人として大阪地裁の法廷に立ち、チキンラーメンは間違いなく安藤さんの発明だと証言」したといった出来事もあったようです。

昭和三十三年六月に阪急百貨店梅田本店で行われた世界初のインスタントラーメンの試食会では、準備した五百食がすぐに完売しました。増産体制を整えて、同年八月二十五日、チキンラーメンは正式に発売され、いつしか「魔法のラーメン」と呼ばれるようになりました。安藤の「発明・発見の大切さを子どもたちに伝えたい」との思いを伝えるために、平成十一年に「インスタントラーメン発明記念館」（カップヌードルミュージアム 大阪池田）が建てられています。

▶**吉野商店店頭**〈栄町・昭和19年・提供＝主原稔也氏〉

▶**安藤百福と家族**〈呉服町・昭和33年頃・提供＝日清食品〉

◀**チキンラーメンの最初のパッケージ**〈昭和33年・提供＝日清食品〉

▲うどん屋・吾妻《あづま》店内　現在も店内は趣がある。雰囲気も味のうち。当時は写真の女性がいて、それもまた味のうちだった。〈西本町・昭和 60 年頃・提供＝平田明子氏、宇野伸一氏（撮影）〉

▶うどん屋・吾妻外観　店舗建物は 2 階建てだった。現在はこの 1 階部分を活かしたまま、ビルの 1 階に収めている。〈西本町・昭和 30 年代・提供＝辻泰子氏〉

▲栄町南商店街（サカエマチ）南側入口ゲート付近　ゲート右の柱に「なんでもとゝのふ商店街」とあり、その右手奥に「池田ビヤホール」の看板。食糧統制下、禁止されていたビアホールの営業は、この年解禁された。〈栄町・昭和 24 年・提供＝中井輝雄氏〉

▲池田商店街（サカエマチ）南側入口ゲート付近　上段写真と同じ場所。商店街の通りだけでなく、右手の国道沿いの歩道もアーケード化されている。ゲート下に信号のライトが縦に三つ並ぶ。〈栄町・昭和 38 年・提供＝池田市〉

▲にぎわう池田商店街（サカエマチ）　上の写真は南側ゲートを入ったところから北向きに撮影。右に北田呉服洋品店。右の写真は現在の２番街の北向きで、右に「かじやま」と看板が掛かり、その手前は池田電報電話局（NTT 池田ビル）。右の写真は池田小学校鼓笛隊の市中行進である。〈上＝栄町・昭和 39 年・提供＝池田市／右＝栄本町・昭和 37 年・提供＝池田小学校〉

◀ゲートのある本町商店街　現在の池田職安前交差点を西側から撮影。ゲートの「本町」の字が裏向きでこちらがゲート内。右に清酒・吉祥を醸した岸上商店の建物がある。〈栄本町・昭和 45 年・提供＝髙見彰彦氏〉

▲◀石橋商店街を通る子ども神輿　市民カーニバルの石橋パレードの一部として、子ども神輿が商店街を通る。上の写真は石橋駅西口を出た南側。FUJIYAやコトブキは今もある。左の写真は商店街南端付近。左手の帽子屋には「ナニワ」の看板が掛かる。〈石橋・昭和53年・提供＝池田市〉

▶石橋商店街、石橋駅西口北側　上段写真の撮影場所から北向きだが、年代は異なる。右側に「大衆食堂 双葉」「肉スエヒロ」と看板が並ぶ。着ぶくれした買い物客。師走の買い出しか。〈石橋・昭和39年・提供＝池田市〉

▲石橋商店街、アーケード南端から北向き　左に「タロウパン」の看板。現在は「TARO」と掲げ、店名は「タローパン」。その奥の赤壁薬局も営業を続ける。タローパンは２階が喫茶室だった時期がある。〈石橋・昭和 43 年・提供＝池田市〉

▲石橋商店街、市民カーニバルのオープニング　沿道の観客の背後に商店が並ぶ。カーニバルは市役所付近と石橋駅付近に分かれ、石橋では市民文化会館での民謡カーニバルが催事の柱となった。写真のオープニングでは駅西口に向かって民謡を踊り進む。〈石橋・昭和 52 年・提供＝池田市〉

▲▶にぎわう池田中央市場　池田駅南西の池田中央市場は昭和 32 年に開業。阪急沿線初の冷暖房完備の市場として注目された。上の写真は外観。外からのぞいても中の混雑ぶりが分かる。右の写真は内部。電話・電報受付の貼紙がある。〈室町・昭和 39 年・提供＝池田市〉

◀ダイエーの 4 階建てのビル　ダイエーは昭和 42 年、池田市役所前交差点から南へ下がった宇保踏切の南側にできた。写真の年にはニッショーもオープン。駅前の 2 大スーパーとなった。その後、再開発でダイエーは移転。ニッショーは現在の阪急オアシスへと変わった。〈満寿美町・昭和 45 年・提供＝池田市〉

▲国道 176 号沿い、西本町交差点南　両側には 2 階屋の商店が並ぶ。国道沿いは繁華な商業地だった。道路右側に○に大の字の質屋の看板。池田小学校の鼓笛隊が、トラックとすれ違う。〈西本町～槻木町・昭和 37 年・提供＝池田小学校〉

▲◀国道 173 号沿い、新町の店舗　新町付近には、細河から能勢方面の農林業と結びついた店が見られる。上の写真「山林用土佐打刃物」と掲げる。現在の秋田屋チェーンソーサービス。左の店は竹籠の専門店。〈新町・昭和 30 年代・提供＝辻泰子氏〉

◀▲田中町（栄町）の煙草屋　左の写真は戦前の店頭。小窓のところに「国防献金」の箱があり、店内に額入の「専賣局製造煙草定價表」が掛かる。上の写真左下には、昭和40年発売のメンソール煙草「mf」の箱が写る。〈栄町・左＝昭和戦前、上＝昭和40年代・提供＝匿名（池田市在住）〉

▶西本町、平田書店内部　西本町交差点東南の古書店の店内。店主が本に埋もれてそろばんをはじく。同店は代替わりして今も営業中。〈西本町・昭和60年頃・提供＝平田明子氏、宇野伸一氏（撮影）〉

7 社寺と行事

市内の神社と寺院の数をみると、圧倒的に寺院の方が多い。これは明治政府が勅令をもって神社合祀を進めた結果である。かつては村々に鎮守の森があり、村の祭りや人々の生活に神社は大きな役割を果たしていた。また、町や村の中には小祠も多かった。神官がいる、由緒正しいなど、一定基準を満たす神社を残すということで、明治末期に神社の統廃合が行われた。ただ府県知事の裁量権によることもあり、統廃合が強力に行われたところ、比較的緩かったところなど、その差は大きかった。細河地域では六つの大字にそれぞれ神社があったが、残されたのは細川神社と木部神社の二社であり、一気に三分の一になった。

合祀政策が強力に進められた和歌山県では、生物学者・民俗学者の南方熊楠が神社合祀を猛烈に批判したことは有名である。合祀令は大正九年（一九二〇）年に廃止になったが、その間多くの神社が整理されてしまった。

戦後、元氏子や地域住民の強い要望によって、元鎮座地に帰って来た神社もある。伊居太神社に合祀されていた宇保の猪名津彦神社と下渋谷の穴織神社、呉服神社に合祀されていた下渋谷の呉服神社、住吉神社に合祀されていた豊島南の十二宮神社などである。

池田駅近くの呉服神社は織姫（クレハトリ）を祀る神社であるが、エベッサンを祀る神社として、よく知られている。明治の頃、本町にあった「ゑびす」の小祠を呉服神社に遷座したと言われている。十日恵比須は大変な人出である。

十日恵比須が終わると尊鉢の厄神さん。一月の十八・十九日、釈迦院境内では山伏による護摩法要が行われ、厄除開運を願って近隣から多くの人々の参拝がある。

夏の風物詩を飾るガンガラ火、八月二十四日の夕刻、五月山の山頂近に「大」と「大」の文字火が点火される。この愛宕火の起源は、江戸時代の正保元年（一六四四）頃といわれている。市内の中心部では、人の字型に組まれた二本の大松明を火の粉を浴びながら若者たちが練り歩く。

十月中旬から下旬にかけて、各地の秋祭り、神社の例祭・大祭が始まる。五社神社・伊居太神社・呉服神社・住吉神社・八坂神社・畑天満宮・木部天満宮と続く。八坂神社のものは、旧六ヵ村からそれぞれ豪華な幟や額燈が宮入りする珍しいお祭りである。

▲廃されていた為那都比古神社（猪名津彦神社） 通称、宇保神社。絵ハガキ。添書きに「廃、為那都比古神社址」とある。明治41年（1908）に伊居太神社に合祀され、宇保の社は廃されていた。昭和33年、宇保町に再度遷座されている。〈宇保町・明治末～昭和初・提供＝中井輝雄氏〉

▶▲呉服神社鳥居の、貫《ぬき》の差替え　呉服神社の鳥居は再開発で移された。その際、「交通安全祈願神社」と入っていた貫（右の写真）が外されている（上の写真）。昭和 60 年には鳥居全体が改めて新調されている。〈室町・昭和 54 年・提供＝上．呉服神社、右．池田市〉

◀呉服神社で野点　幔幕《まんまく》を張るだけでなく、なにもないところに雪見障子を立て、簾を吊って、空間を区切る。幔幕内は椅子席のようだ。〈室町・昭和 40 年前後・提供＝呉服神社〉

▲◀呉服神社、十日恵比須の人出　屋台が並び、人がくり出す。女性は着物姿が多い。上の写真奥に「大黒天」の看板。当然「恵比須尊」の看板も出ていた。左の写真左奥が、恵比須尊のお社。〈室町・昭和 43 年・提供＝池田市〉

▶呉服神社、十日恵比須の門前　笹を持った人たちが出てくる。門の右の柱に「呉服の森幼稚園」の看板。室町幼稚園とは別に、呉服神社が境内で開いていた。〈室町・昭和 43 年・提供＝池田市〉

▲▶お稚児さんでいっぱいの西光寺　西本町交差点の北東にあるお寺。この年は法然上人 750 年大遠忌にあたり、記念式にはいっぱいの稚児が出た。上の写真、みんなで記念撮影。右の写真、着物姿の保護者もいっぱい。〈新町・昭和 36 年・提供＝菅原和子氏〉

◀二層屋根の本養寺　西光寺と弘誓寺の北、出雲大社池田分院の五月山側にある。この頃の本殿は写真のように二層屋根を持っていた。工事中のようで、手前になにかいろいろ出してある。〈綾羽・昭和 46 年・提供＝中井輝雄氏〉

▲▶伊居太神社の子ども神輿（上）と、新町のだんじり（右）
上の写真、かつて伊居太神社では、7月中旬に子ども神輿を出していた。中橋の交差点を行く。右の写真、新町のだんじりは8月末に伊居太神社に上がるが、写真は服装からいって夏ではない。背後に五月山が迫る。〈新町・上＝昭和51年・提供＝池田市、右＝昭和28年、提供＝前川吉晴氏〉

◀五月山山腹、陽春寺　はるかに猪名川が見える。大広寺にはかつて多くの塔頭があったが、現在はここだけが残っている。〈綾羽・昭和46年頃・提供＝中井輝雄氏〉

▲がんがら火　夏の池田を彩る一大イベント。左上の写真では大文字の火を麓に運ぶ小松明が鳥居を出る。八丁鉦と半鐘のほか、かつては右上写真の、寺から借りた大きな鐘もあった。この鐘は担ぐには重く、途中で放置されたこともあるという。〈綾羽・左上＝昭和 39 年・提供＝池田市、右上＝昭和 22 年頃・提供＝森本元氏〉

◀愛宕神社、愛宕火の護摩焚き　がんがら火の神火は愛宕神社から出る。同日、境内では護摩焚きが行われる。人々に囲まれ、煙が立ち昇る。〈綾羽・昭和 39 年・提供＝池田市〉

▲◀がんがら火を待つ子どもたち　いずれも、現在の桜通りの少し北側。上の写真、「待ちきれな〜い」という訳で、子どもたちは当日昼から半鐘を叩いて町内を回った。左の写真、舗装工事の進む道路沿いで一丁前の前掛け姿。〈城山町・上＝昭和30年代前半、左＝昭和35年頃・提供＝森本元氏〉

▶猪名川花火大会、五輪マークの仕掛け花火　オリンピックの東京開催はこの前年に決まった。川の向こうに五輪マークが浮かび上がる。この頃の花火会場は、呉服橋と中橋のあいだである。〈西本町〜新町・昭和35年・提供＝池田市〉

▲◀細川神社の太鼓　細川神社の祭りに太鼓が出るのは、これが最後になった。上の写真、国道423号沿いで休憩中のスナップ。手前の人物が酔ってポーズを取る。左の写真、白塗りの乗り児たち。〈東山町・昭和26年・提供＝谷向晴男氏〉

▶愛宕（東山）神社鳥居前　数家族が集まって記念写真。手前右の赤ん坊の宮参りだろうか。若い男性が多く、終戦後の写真。同社は国道423号東山交差点から五月山に向かった突き当たりにある。〈東山町・昭和20年代前半・提供＝谷向晴男氏〉

▲◀陽松庵で林間学校　曹洞宗の参禅道場、陽松庵。上の写真、「夏期林間養護学舎」と添書きにある。市内の小学校から体の弱い子を集め、夏休み中に5日間の林間学校を開いた。左の写真、右の門柱に庵名より大きく「参禅道場」とある。〈吉田町・上＝昭和39年・提供＝池田市、左＝昭和46年頃・提供＝中井輝雄氏〉

▶茅葺きの久安寺本坊　楼門が重要文化財に指定されている久安寺。写真の本坊は、一見今と変わらないように見えるが、茅葺きになっている。〈伏尾町・昭和46年頃・提供＝中井輝雄氏〉

▲▶住吉神社、広い境内（上）と、前池へ続く石段（右） 住吉神社は、今より広い境内を持ち、鳥居へ続く参道階段の前には、前池が広がっていた。中国自動車道と周辺の道の整備のため、神社の土地は削られ、前池の一部は埋められた。〈住吉・昭和 40 年頃・提供＝住吉神社〉

◀西国街道、順正寺門前 順正寺は住吉神社北西にある。前の道はかつての西国街道。右手前の２層になった建物は今はない。写真右下から幼児が道に這い出る。〈住吉・昭和 40 年代後半・提供＝中井輝雄氏〉

◀▲十二神社、境内（左）と太鼓（上） 住吉神社西北西、中国自動車道沿い。左の写真の頃には参道脇を草が覆う。上の写真、境内を行く太鼓。このあと中断し、昭和50年に復活するも、平成に入って定期的には出なくなった。〈住吉・左＝昭和46年・提供＝中井輝雄氏、上＝昭和35年・提供＝中村知弘氏〉

▶八坂神社、宮之原の額灯　宮之原会館の前。祭の夜に氏子たちは額灯を先頭に伊勢音頭を歌いながら宮入りした。奥の民家は茅葺きである。〈神田・昭和 10 年代・提供＝室田卓雄氏〉

◀八坂神社創建千年を祝う神田祭　八坂神社の例祭は神田祭と呼ばれ、上段写真の額灯や、幟が宮入りして境内に並ぶ。天元元年（978）創建の同社は、この年、創建千年を祝った。〈神田・昭和 53 年・提供＝池田市〉

▲◀常福寺本堂、田圃越しの姿（上）、と棟上げ式（左）　上の写真、神田３丁目の常福寺は、今は住宅に囲まれているが、昭和 40 年代には田の向こうに見える。左の写真は戦前の棟上げ式。〈神田・上＝昭和 46 年・提供＝中井輝雄氏　左＝昭和７年・提供＝常福寺〉

▶神田の地蔵堂　農地の脇にコンクリートの地蔵堂が立つ。中にはお地蔵様が鎮座。中央奥の家屋の右奥に、できたばかりの中国自動車道の高架が見える。〈神田・昭和 46 年頃・提供＝中井輝雄氏〉

▲▶厄除大祭の日の尊鉢厄神　尊鉢厄神は通称で、正式には釈迦院。神社ではなく寺院である。毎年 1 月 18 ～ 19 日の大祭には多くの人出がある。上の写真、大祭の幟のある境内。右の写真は大祭の護摩焚き。〈鉢塚・昭和 40 年・提供＝池田市〉

◀尊鉢厄神東側の坂道　坂に沿って塀が続き、堂宇は塀より低い場所に立つ。今は手前の松はなく、塀の足元まできれいに舗装されている。〈鉢塚・昭和 46 年・提供＝中井輝雄氏〉

▲五社神社南、一乗院東側　一乗院に塀がなく、境内の建物がそのまま見えている。手前の農地、土の道も含め、景観が現在と全く異なる中、左側の門の形は今に通ずる。〈鉢塚・昭和46年・提供＝中井輝雄氏〉

◀▼五社神社、秋祭りの太鼓　五社神社の祭りに出る太鼓は複数あり、町内によって乗り児が白塗りしたりしなかったりする。写真は塗っていないように見えるが、塗る塗らないは年によって変わっているかもしれない。〈鉢塚・昭和40年・提供＝池田市〉

▶▲佛日寺山門付近　右の写真、現在は参道に植込みもなく、景観は様変わりしている。上の写真では参道両脇は梅林。このあたりは、かつては梅の名所だった。〈畑・上＝明治末〜昭和初、右＝昭和 36 年・提供＝佛日寺〉

◀佛日寺本堂前　佛日寺は豊中市蛍池に藩庁があった麻田藩の菩提寺。写真には 15 代麻田藩当主と 14 代佛日寺住職が写る。この本堂は明治 30 年代に建替えられたもの。現在の本堂は昭和 43 年に建った。〈畑・昭和 7 年・提供＝佛日寺〉

▲◀畑天満宮の秋祭り　上の写真、府道箕面池田線の上渋谷バス停付近と思われる。右にサンケイ新聞五月丘販売所。竿灯を掲げ、下る太鼓を待つ。左の写真、大団扇を振り、住宅街を行く。〈畑付近・昭和 49 年・提供＝池田市〉

▶畑天満宮の夏祭り　「上渋谷町こども会」のプラカードに続いて子ども神輿が鳥居をくぐる。神輿の前は大人が支える。この頃は、畑天満宮に限らず、学校の夏休み中に子ども神輿を出していた神社が複数あった。〈畑・昭和 49 年・提供＝池田市〉

▲下渋谷町（渋谷付近）の秋祭り①　五月丘３丁目の穴織神社と五月丘１丁目の呉服神社が、それぞれ上の宮、下の宮と呼ばれており、当時は上下の宮の祭りが行われていた。提灯の下を、太鼓が通過する。〈渋谷付近・昭和 24 年頃・提供＝亀井真人氏〉

▶下渋谷町の秋祭り②　太鼓のところで、ちびっこが記念撮影。提灯に「下 澁」、その奥に「呉服」とあり、下の宮の太鼓である。〈渋谷付近・昭和 24 年頃・提供＝亀井真人氏〉

フォトコラム

池田の遺跡

猪名川流域の弥生遺跡としてよく知られているのは宮の前遺跡、石橋から住吉方面に広がる弥生時代の大遺跡であり、方形周溝墓や弥生土器、竪穴住居の集落跡等が発見された。昭和四十五年開催の日本万国博、その関連事業として中国縦貫自動車が建設されることになり、大阪府教育委員会によって発掘調査が始められた。残念なことに遺跡は道路の下になってしまった。

古墳時代に入ると、池田市域に多くの古墳が出現する。猪名川流域の前期古墳としては、娯三堂古墳と池田茶臼山古墳。娯三堂古墳は直径二十七メートルの円墳である。竪穴式石室は中央部が斜めに切断されており、地震によるものと言われている。池田茶臼山古墳は、平成二十九年度に古墳保護事業が行われた。古墳と周辺（公園）の樹木を伐採し、盛り土や植栽などを行い、後円部には展望台と説明板がつくられた。そこは市内が見渡せる眺望の場所である。

後期古墳になると、二子塚古墳や鉢塚古墳、そして木部一号墳・二号墳等の小古墳が出現する。二子塚古墳は墳丘上に二つの石室があった。また、お稲荷さんを祀っていることから稲荷山古墳とも呼ばれている。鉢塚古墳は五社神社境内地にあり、巨大な横穴式石室は、神社の奥の院として大切に守られてきた。玄室の長さ六・四メートル、高さ五・二メートルは、明日香村の石舞台古墳の石室（高さ四・八メートル）とよく比較される。

池田城は中世の城郭、池田氏の居城として文献にも出てくる。戦国の動乱の中で池田城は荒木村重に実権が握られる。天正二年（一五七八）に村重が伊丹氏を滅ぼし、有岡城を居城としたため、池田城は廃城となった。その城跡には、戦前から戦後にかけて学校がつくられた。今は池田城跡公園として市民に親しまれている。

豊島南の「弁慶の泉」は、市の文化財指定（伝承史跡）を受けて、地元住民による保存と整備の気運が高まった。昭和五十四年に記念碑の建立と周辺整備が行われ立派になった。

▲五社神社にある鉢塚古墳　鉢塚古墳は五社神社の境内にある。長く上円下方墳だと思われていたが、平成５年の調査によれば、どうも円墳らしい。全国屈指の大きな石室内には、後年造られた十三重の石塔がある。〈鉢塚・昭和 47 年・提供＝中井輝雄氏〉

▲◀**住宅街にある二子塚古墳**　上の写真、石橋駅北の住宅街にある小さな森が二子塚古墳だった。現在は木が減り、森という感じはしない。左の写真、右端に鳥居が写る。〈井口堂・昭和 47 年・提供＝中井輝雄氏〉

▶▼**山腹にある木部１号墳**　木部１号墳は、中川原町の、旧細河小学校東の山腹にある。右の写真手前が古墳。下の写真の石室が、右の写真にも写る。〈中川原町・昭和 47 年頃・提供＝中井輝雄氏〉

▲宮の前遺跡の発掘　遺跡は石橋から住吉、豊中市蛍池北町まで広がる。古墳時代から弥生時代、旧石器時代まで遡る出土物がある。中国自動車道の建設にともない、発掘調査が行われた。〈石橋付近・昭和 44 年・提供＝池田市〉

▲◀吉田町で古銭が出土　上の写真、市道の拡幅工事中に、室町期の古銭が大量に出土した。工事は発掘に切替え。左の写真、市立渋谷高校や池田中学校の生徒たちが、古銭の分類を手伝った。〈上＝吉田町・昭和 46 年頃、左＝五月丘・昭和 55 年・提供＝富田好久氏〉

▲◀池田城址の空堀　現在城跡公園になっている池田城址は、附属池田中学校や大学寮が移転したあとは、荒れたまま放置されていた。上の写真、手前に敷地を囲うトタンの波板。奥の空堀に橋。左の写真、波板の裏と空堀の斜面。〈城山町・上＝昭和 49 年・提供＝池田市、左＝昭和 47 年頃・提供＝中井輝雄氏〉

▶草ぼうぼうの弁慶の泉　国道 171 号沿い、中国自動車道西側。源義経とともに尼崎に落ちる途中、弁慶が喉を潤したと伝わる。現在は整備され、小公園のようになっている。〈豊島南・昭和 43 年・提供＝池田市〉

8 暮らしの端々に

この章は、池田にかつてあった「暮らし」をテーマにしている。暮らしは、実生活において時間の大半を占めるが、景観上大きな位置を占めるものではない。写真としては、家の中や身のまわりの、細々したものの変遷を追うことになる。よって章のタイトルは「暮らしの端々に」とした。

写真は、子どもを写したものが多い。「暮らしを撮ろう」とは思わないが「子どもを撮ろう」とは考える。子どもは大きくなってしまうから、その前に撮っておきたいのである。暮らしも実は大きく変わるのだが、暮らしのさなかには、そのことに気づきにくい。

章の構成としては、前半に年中行事を置き、後半にはそこからはずれた日常的なものを多く配している。

年中行事は、正月からスタートして、桃の節句、端午の節句と、時間の順にたどっていった。正月や節句は、かつては「正式なお祝い」という雰囲気があったものである。

七夕、盆踊り、地蔵盆。夏の写真は個々の家庭を越えて、地域や学校で祝うものが多い。それに続く七五三、餅つき、クリスマスなどは逆に、家族の行事として位置づけられている。

ここまでを「行事」のブロックとし、ついで、行事を離れた生活の写真を掲載していった。

後半の最初は「食」の部とし、おひつ、練炭コンロと、今は見かけなくなった道具類を載せている。続くページには、法事など「特別な食事」の写真を掲載している。

ついで「家事」の部として、掃除、洗濯の写真を載せた。畳上げや庭の物干しは、かつてはふつうに見られたものだ。ここに電気洗濯機も掲載し、続く電化製品類への導入を兼ねた。

その「電化製品類」の部では、テレビ、電気蓄音機、カメラと掲載し、テレビとのからみで姫鏡台も載せた。テレビも姫鏡台も、かつては使わぬ時に布を掛けていた。両者は一種の「のぞき窓」であり、そのため使わぬ時にはカーテンが要ったのかもしれない。

続いて「子どもの乗りもの」として、自転車や子ども自動車、ホッピングの写真などを載せた。子どもつながりで、続く「楽しみ」のページには、行水やぶらんこなど、子どもの楽しむようすを載せ、併せて、大人も楽しむ行楽のようすを取り上げている。

最後には大八車を載せて、本章を閉じた。

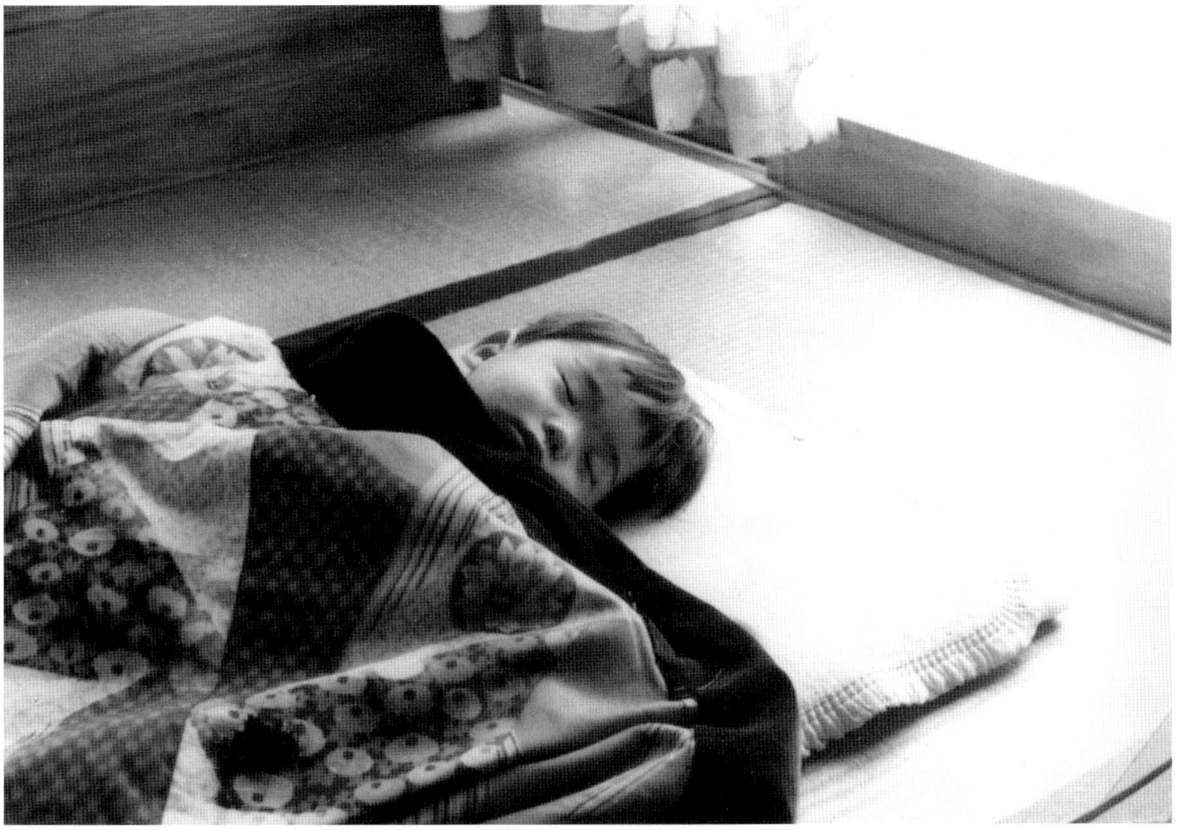

▲ねんねこを掛けて、おやすみなさい　遊び疲れて寝入った子どもに、ねんねこを掛ける。ねんねこは、和服で子どもを背負ったとき、冬場には欠かせないものだった。〈木部町・昭和39年頃・提供＝浦部勝氏〉

▲▶お正月、女の子は着物で　上の写真、塀の前で各自がお気に入りのおもちゃを持つ。右の写真、おせちではなく、お盆に乗せたお料理が並ぶ。女の子の右奥に鏡餅の串柿。どちらも男の子は洋服、女の子は和服である。〈上＝菅原町・昭和30年・尾崎敏氏／右＝満寿美町・昭和30年代前半・提供＝匿名（池田市在住）〉

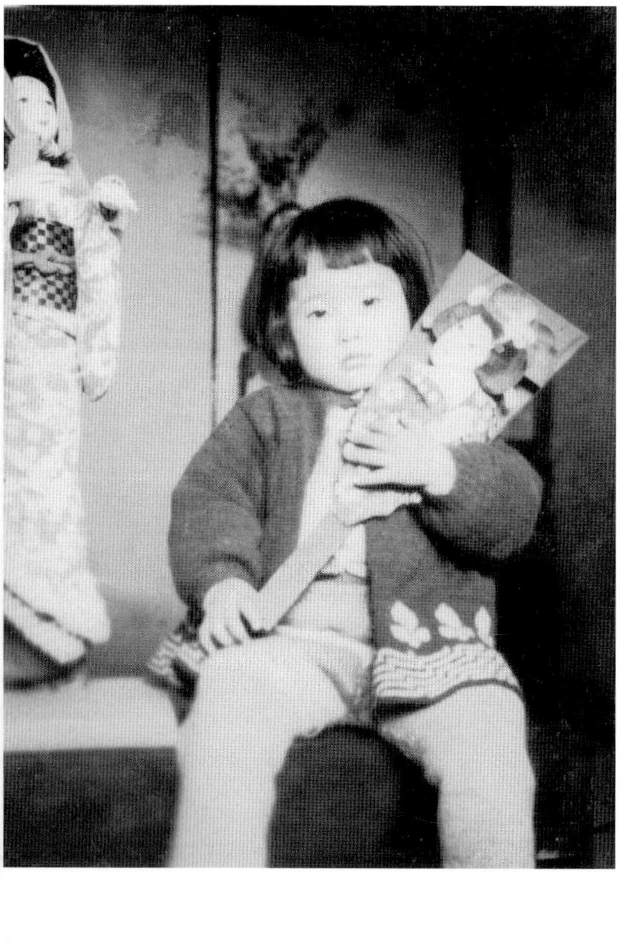

◀▼羽子板で遊ぶ　左の写真、女の子が羽子板を抱く。「これは私のよ！」。下の写真、路上で羽根突き。男の子が、下駄に着物姿。〈左＝栄町・昭和20年代後半・提供＝匿名（池田市在住）／下＝木部町・昭和46年・提供＝浦部勝氏〉

◀奴凧を揚げて　木部町の砂利だらけの土の道。男の子が奴凧を掲げる。これから挑戦。左奥でも別の子が、凧揚げに取組む。〈木部町・昭和31年・提供＝伊藤悦子氏〉

▶本日の曲芸は、独楽回し　呉羽の里付近のデコボコの空き地。お兄ちゃんが独楽を回し、弟が皿で受ける。うまくいきましたら拍手ご喝采。〈旭丘・昭和27年頃・提供＝前田忠彦氏〉

▶床の間にお人形がいっぱい
槻木町のお家のひな祭り。女の子の左奥は扉を閉めた仏壇。その右は床の間だと思うが、いろいろな人形で埋め尽くされている。〈槻木町・昭和13年・提供＝好川清子氏〉

◀▼昭和20年代（左）と40年代（下）の、ひな祭り　左の写真は室町幼稚園。まだ占領下で「戦後」の雰囲気がある。下は中央保育所（中央保育園）。女の子は着物姿が多い。〈左＝室町・昭和25年・提供＝室町幼稚園／下＝上池田・昭和42年・提供＝池田市〉

◀▲五月人形（左）と、背比べ（上） 左の写真、五月人形の段飾り。鎧や陣太鼓を並べた前に男の子が二人。上の写真、♪柱の傷はおととしの～。お姉ちゃんに、測ってもらう。〈左＝旭丘・昭和27年頃・提供＝前田忠彦氏／上＝住吉・昭和34年・提供＝家木幸治氏〉

◀▶こんなに大きくなりました 飾り兜の横にちょこんと座っていた赤ちゃん（左の写真）が、その兜でいたずらするようになった（右の写真）。撮影係のお父さんも、面白がっているような…。〈旭丘・左＝昭和22年頃、右＝昭和26年頃・提供＝亀井真人氏〉

▲◀おねがい、みんなで、かきました　上の写真は戦前の七夕祭り。場所は北豊島小学校だが、併設の北豊島幼稚園児か。笹が半分隠れるほど、お願いを書いた紙がいっぱい。左の写真は戦後占領期の室町幼稚園。こちらも短冊と呼ぶには大きすぎる紙が結ばれている。〈上＝豊島北・昭和 15 年頃・提供＝北豊島小学校／左＝室町・昭和 26 年・提供＝室町幼稚園〉

▶お兄ちゃんが、結んであげる　廊下か教室か、秦野幼稚園の建物内。七夕の笹に、お兄ちゃんが短冊を結ぶ。願い事が、かなうといいね。〈畑・昭和 26 年頃・提供＝亀井真人氏〉

▲▶槻木町の盆踊り　上の写真、明るいうちに、櫓の前で記念撮影。手前に子どもがいっぱい。みな浴衣を着る。右の写真、暗くなると、人数が多すぎて、全員並ぶとストロボの光が届かない。子どもと大人を分けて撮った、子どものほうの写真。〈槻木町・上＝昭和 30 年、右＝昭和 37 年・提供＝菅原和子氏〉

◀城山町の地蔵盆　木の柱を組んで、提灯をたくさん提げる。通称「城下地蔵さん」。子どもたちの左奥に、池田城址へ続く石段。この頃城跡は、荒れたまま放置されていた。〈城山町・昭和 40 年頃・提供＝森本元氏〉

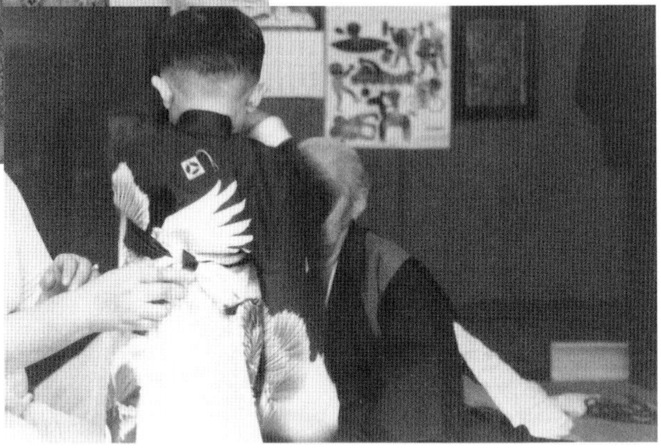

▲▶洋服（上）と和服（右）で七五三　上の写真、住吉神社に、洋服で七五三詣り。チェックがお似合い。千歳飴を買ってもらう。右の写真、帰ってから羽織袴も着る。おじいちゃんとおばあちゃん、二人掛かり。〈上＝住吉、右＝石橋・昭和 39 年・提供＝堤洋一氏〉

◀▼餅つき（左）と餅花作り（下）　年末には、お正月の準備。左の写真は木部町のお家のお餅つき。大晦日についている。下の写真は秦野幼稚園での餅花作り。持って帰ったのかな。〈左＝木部町・昭和 32 年・提供＝伊藤悦子氏／下＝畑・昭和 26 年・提供＝亀井真人氏〉

▶家族でメリークリスマス
お父さんの後ろにクリスマスツリー。ケーキは入っていた箱の上に乗せる。食べるのは写真を撮ってから。今のインスタグラムに通ずる。お父さんは和服だが、おそらく自宅ではこれが普段着。〈住吉・昭和38年・提供＝家木幸治氏〉

▲▶クリスマスには、扮装を　近年はハロウィンにお株を奪われたが、クリスマスパーティーも扮装の機会。上の写真、お兄ちゃんはノリノリ。右の写真、自分がサンタになっちゃった。〈上＝城山町・昭和43年・提供＝森本元氏／右＝旭丘・昭和26年頃・提供＝前田忠彦氏〉

▶**おひつでご飯**　電子ジャーのない時代、炊いたご飯はおひつに移して保存した。手を突っ込んで食べてはいけないな。でも、すごく幸せそうだな。〈菅原町・昭和30年・提供＝尾崎敏氏〉

◀**練炭コンロで餅焼き**　木炭や豆炭を使う七輪ではなく、練炭コンロだと思う。ガスコンロがあっても、お餅はこれで焼く。サンマを焼くときは、煙が出るので庭先に持ち出した。練炭コンロがすっぽりはまる練炭火鉢もあった。〈木部町・昭和40年頃・提供＝伊藤悦子氏〉

▶▼特別な日、特別な料理　右の写真、赤ん坊が昭和20年生まれ。右の男性は終戦直前に徴兵されたが、その見送りの食事か。終戦前後でも食料は、量にもよるが、あるところにはあった。下の写真は法事のお膳。襖を開けて、子どもがのぞく。〈右＝渋谷・昭和20年・提供＝亀井真人氏／下＝豊島北・昭和35年・提供＝中村知弘氏〉

▶わーい、ご馳走だー　お客様が帰ったあとだろうか、子どもたちが食卓の器に、直箸を伸ばす。右下端にも、上着を着たままらしい少年の後ろ姿。奥でお母さんも、いただきまーす。〈旭丘・昭和28年頃・提供＝前田忠彦氏〉

▲◀畳を上げて…　上の写真、畳替えのために畳を上げた部屋。新聞紙を敷いた人物の手前にわらじがある。左の写真は畳干し。団地でも年に1～2回は畳を上げて、外に干していた。〈上＝城山町・昭和42年・提供＝森本元氏／左＝五月丘・昭和37年・提供＝池田市〉

▶団地のダスト・シュート　ゴミ捨てに階段を昇降しなくても済むように、団地の建物にはダスト・シュートが設けられていた。ゴミ袋を穴に放り込むと、下のゴミ溜めに落ちる。写真はゴミ溜めからのゴミ回収。〈五月丘・昭和41年・提供＝池田市〉

▲◀庭の物干し　住宅の庭には、木の柱を立て、洗濯物を干せるようにしてあるのが基本だった。上の写真、雨傘も広げて物干しに干す。左の写真、紐が渡してあるわけではなく、とても長い物干し竿。〈上＝豊島北・昭和28年頃・提供＝中村知弘氏／左＝木部町・昭和38年頃・提供＝浦部勝氏〉

▶「養老院」に電気洗濯機　畑にあった養老院・五月寮に、池田ライオンズクラブが電気洗濯機を送った。白黒テレビ、冷蔵庫と並ぶ「三種の神器」。この頃最新の二槽式で、脱水槽が付く。〈畑・昭和38年・提供＝池田市〉

▲◀脚付の、テレビ（上）と電気蓄音機（左）　上の写真、脚付テレビの画面に、カーテンのようにテーブルセンターを垂らす。左の写真、電蓄（モノラル）も脚付。この頃のテレビやステレオは「家具」である。〈上＝木部町・昭和39年頃・提供＝浦部勝氏／左＝渋谷・昭和25年頃・提供＝亀井真人氏〉

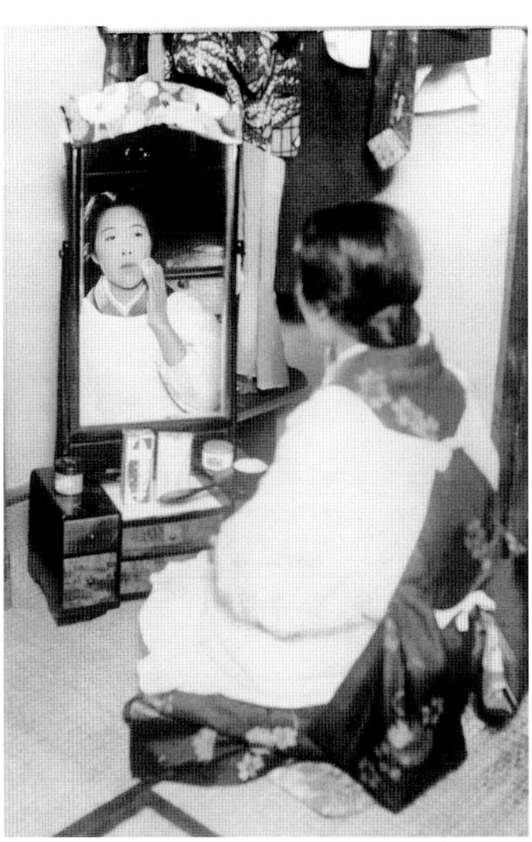

▶姫鏡台でお化粧　着物に割烹着で畳に座り、お化粧中。出し入れしやすい姫鏡台。上段写真のテレビと同様、使わない時は布を掛けておく。〈木部町・昭和30年代前半・提供＝伊藤悦子氏〉

▶▶自宅の暗室（右端）、二眼レフカメラ（右手前）　デジカメと違って、フィルムカメラは現像が必要。右端の写真、夜、布団を出した押入れを暗室に使う。「現像中」の貼り紙。右手前の写真、入手した中古の二眼レフ（リコーフレックス３型）を手に破顔一笑。〈城山町・昭和 62 年頃・提供＝森本元氏〉

◀▼学校の写真部　左の写真、府立池田高校の写真部部員が、ストロボを取付けた二眼レフを構える。下の写真、今の池田高校の場所にあった頃の園芸学校（園芸高校）の生徒たち。暗箱組立式のカメラが大きい。〈旭丘・左＝昭和 27 年・提供＝池田高校／下＝昭和５年・提供＝園芸高校〉

▲▶自転車、三輪車、スクーター　上の写真、子どもたちが、大人用のごつい自転車に乗って、遊びに集まる。右の写真、お兄ちゃんは三輪車、弟くんはスクーター。今は「キックスケーター」と呼ぶようだ。〈上＝豊島北・昭和30年頃・提供＝中村知弘氏／右＝東山町・昭和19年頃・提供＝谷向晴男氏〉

◀ホッピングが大流行　この年、ホッピングが子どもたちに大流行。写真の少年も、道路の側溝横で跳ねる。右奥に郵便局の建物が写る。〈菅原町・昭和32年頃・提供＝尾崎敏氏〉

▲◀車に乗る子どもたち　上の写真、木部町の土の道で、弟の乗った木製の手押し車を、お姉ちゃんが押す。本来は玩具入れだろう。左の写真はペダルカー。最近は押し棒が付いたものが多い。〈上＝木部町・昭和38年頃・提供＝浦部勝氏／左＝神田・昭和42年・提供＝安黒公二氏〉

▶歩行器に乗って　畳の部屋に、木製の歩行器。こちらを向いて笑顔を見せる。左手の扇風機は、羽根カバーの隙間が大きい。〈木部町・昭和38年頃・提供＝浦部勝氏〉

◀▲木の盥《たらい》で行水（左）、木桶で水遊び（上） 左の写真、菅原町の庭で行水。木の盥は洗濯にも使われていた。上の写真は木部町の植木農家の庭。木の桶で遊ぶ姉弟。〈左＝菅原町・昭和 30 年頃・提供＝尾崎敏氏／上＝木部町・昭和 40 年頃・提供＝浦部勝氏〉

▶▼ぶらんこ（右）とすべり台（下） 右の写真、庭の木に縄を結んで、ぶらんこを作る。下の写真、木のすべり台で得意げな笑顔。〈右＝畑・昭和 24 年頃・提供＝奥村薫氏／下＝木部町・昭和 40 年頃・提供＝浦部勝氏〉

◀▲職場の人たちと、松茸狩り　自分の山で松茸が採れるので、職場の人たちを誘って松茸狩り。左の写真、大人はスーツやネクタイで向かう。上の写真、採ってその場でお食事会。〈木部町付近・昭和29年・提供＝浦部勝氏〉

▶▼お出かけは、学帽姿で　右の写真、阪急で通学する箕面自由学園の児童たち。石橋駅の箕面線車両。下の写真は秦野小学校生。制服ではないが学生服を着る子は多かった。〈右＝石橋・昭和30年・提供＝大野左千夫氏／下＝渋谷・昭和26年頃・提供＝亀井真人氏〉

▲新町のお家の葬儀　庭に出て、これから焼き場に向かう。行列先頭、僧侶の後ろの近親者は白い三角の天冠《てんかん》を付ける。お棺は大八車に乗せ、飾られているようだ。〈新町・昭和16年以前・提供＝植村ヨシ子氏〉

◀大八車を曳く園芸学校（園芸高校）の生徒たち　大八車には、サイズがいろいろあった。写真は小さなものだが、4人掛かり。先頭の生徒は縄で曳く。〈旭丘・昭和9年・提供＝園芸高校〉

9 毎日通った小学校

昭和九年九月二十一日に近畿地方を襲った室戸台風は、気象予報が現在のように十分でなかったため、未曽有の大きな被害をもたらした。登校時間に猛烈な風が吹きまくる中を子どもたちは学校に行ったが、子どもたちはもちろん、先生たちも落ち着かなかった。それでも授業は予定通り行われた。豊能郡内の住宅被害は、全半壊三、四五〇戸、死者七十九人にものぼった。死者の内訳は、児童が七十六人、教員が三人であり、全員校舎の倒壊によるものであった。幸いなことに池田市域の小学校は、古い明治期に建てられた木造校舎もあったが倒壊は免れた。この台風により、大阪では「学校は災害に強い鉄筋校舎でなければいけない」と言われるようになった。

昭和九年度の池田尋常高等小学校の児童数は一、八九五人であった。その頃、池田では児童数の増加、校舎の老朽化もあり、増改築の計画が進められており、池田小学校では急遽木造校舎一棟がこの年に増築された。ところが昭和十一年一月三日未明に火災が発生し、全校舎の三分の一が焼失した。

復興計画の中で校舎の鉄筋化、第二小学校の建設が論議された。厳しい町財政であったが、昭和十二年一月に鉄筋校舎三階建て一棟を建設した。この校舎は池田小学校の西校舎として、現在も使用されている。同年四月には、北豊島尋常高等小学校にも「白亜の殿堂」と呼ばれた鉄筋校舎三階建一棟が竣工した。さらに秦野尋常高等小学校でも少し遅れて、昭和十三年三月に鉄筋校舎三階建一棟が竣工した。当時建設された北豊島小学校と秦野小学校の鉄筋校舎は、戦後、長い間使用されていたが、平成の時代に入って、校舎の耐震化、校舎整備が行われ姿を消した。

小学校の校舎は、前記のように一部鉄筋校舎がつくられたが、木造校舎の方が多かった。この章では、木造校舎時代の運動会や懐かしい各種の行事などの写真が掲載されている。

池田市立全小・中学校の校舎が木造校舎から鉄筋校舎へ全面改築されたのは、昭和四十五年であった。この前後は児童生徒の急増期でもあった。その中で昭和四十三年に呉服小学校に鉄筋の音楽堂が完成したことは、特筆すべきことであり全国的に珍しかった。昭和三十五年の五月丘小学校、四十七年の石橋南小学校、五十一年の緑丘小学校の開校新設校舎も、すべて鉄筋校舎であったことはいうまでもない。

▲池田小学校の卒業記念写真　生徒と保護者と先生と。背後の建物は講堂である。お母さん方は着物、男子は詰襟を着ているが、女子はばらばら。「男子は中学の制服で」ということではなく、正装＝詰襟という感覚だったようだ。〈大和町・昭和 34 年・提供＝森本元氏〉

▲市立池田小学校、校門と校舎　同校は明治 6 年に第一番学校として創立し、明治 14 年に池田小学校と改称。大正 13 年以来、現在地にある。石の校門の奥に、古い木造校舎が写る。〈大和町・昭和 35 年・提供＝池田小学校〉

◀池田小学校、運動会の十字綱引き　まっすぐ引張るのが難しそう。十字部分は金具で引っかけてある。決着はちゃんと付くのだろうか。奥に写る校舎は、左ページ上段写真にもある。〈大和町・昭和 34 年・提供＝池田小学校〉

▲池田小学校、室町（槻木町）の校舎　建石町で開校した池田小学校は、明治 43 年、池田第二小学校となって箕面有馬電気軌道（阪急）の車庫近くに移転。その後、校名を池田小学校に戻す。写真の頃は手芸学校（渋谷高校）を併設していた。〈槻木町・大正 11 年・提供＝渋谷高校〉

▲池田小学校、現在地での初代校舎　この年、池田小学校は、現在地に移転した。手芸学校も移転し、池田技芸女学校（渋谷高校）と改称して併設。写真奥の千鳥破風のある建物は右ページ上・中段写真にも写り、戦後もずっと使われていたようすが分かる。〈大和町・大正 13 年・提供＝渋谷高校〉

▶池田小学校、運動場の奥は土の崖　崖の上の家屋や木々が写真奥に写る。池田小学校敷地北東側は、その北の土地とのあいだに段差があり、現在は校舎が立つが、当時は運動場に面していた。〈大和町・昭和 37 年・提供＝池田小学校〉

◀池田小学校、学芸会の記念撮影　お芝居の前かあとか、4年生の児童たちが、扮装のままでフィルムに収まる。左奥の建物は、隣接（区切られていた）する池田幼稚園。〈大和町・昭和 31 年・提供＝森本元氏〉

◀北豊島小学校、校門と校舎　校名が掛かる校門の奥に校舎。連合国による占領は終わったが、校舎にはまだ、空襲除けに黒く塗られた痕跡が残る。〈豊島北・昭和29年・提供＝北豊島小学校〉

▼▶北豊島小学校、使われ続けた木造の講堂　下の写真、昭和初期の新校舎落成記念運動会。左に講堂。右端付近の建物は西市場愛宕神社か。右の写真は戦後。同じ講堂と、その左に木造校舎が写る。〈豊島北・下＝昭和10年頃、右＝昭和29年・提供＝北豊島小学校〉

◀▲北豊島小学校、補強材のある木造校舎　つっかい棒のような補強のある木造校舎前で、ブラスバンドが演奏。児童が取り巻く。右下のボンネットバス上部に3段階の速度表示ランプ。上の写真には鉄筋校舎も写る。〈豊島北・昭和40年代・提供＝北豊島小学校〉

▶北豊島小学校、校内水泳大会　今しも競泳中。プールを取り巻く児童たち。左側、校舎との境の日陰には、参観の保護者もいるようだ。左奥、甍の波の向こうに石橋団地が写る。〈豊島北・昭和42年・提供＝北豊島小学校〉

▲五輪マークのある秦野小学校校門　運動会に掛けただけなのか、なにかオリンピック関係の話題があったのかは不明。東京は昭和 29 年に、昭和 35 年の五輪開催地に立候補し落選。昭和 34 年に、昭和 39 年開催地に再度立候補し、このときは当選して東京五輪が開催された。〈畑・昭和 32 年・提供＝秦野小学校〉

◀秦野小学校、家庭科の調理実習　小学校の家庭科は昭和 22 年、小学校 5・6 年の男女共修科目として設置された。戦前は「家事科」で、女子児童のみの教科。写真、女子はみなエプロンを着用。男子は着けていない子が多い。〈畑・昭和 29 年・提供＝秦野小学校〉

▶秦野小学校、創立80周年の人文字　明治8年に畑、尊鉢両小学校が開校し、10年後に合同して共進小学校となった。昭和2年に秦野小学校と改称。写真下側、校門から道をはさんだ西側に秦野幼稚園（あおぞら幼稚園）がある。〈畑・昭和30年・提供＝秦野小学校〉

◀▼秦野小学校、創立100周年の人文字（左）と、こいのぼり集会（下）　左の写真、体育館の左に秦野幼稚園が移転している。現在はあおぞら幼稚園。下の写真、集会はのちに幼稚園ができる「上の運動場」で行われた。〈畑・左＝昭和50年、下＝昭和45年・提供＝秦野小学校〉

◀▼**呉服小学校、校門と校舎**　左の写真、校門と鉄筋校舎が写る。下の写真、運動会で棒引きをする児童たちの後ろに、木造平屋の校舎。右奥からダイハツの看板が校庭を見下ろす。〈姫室町・左＝昭和 40 年、下＝昭和 42 年・提供＝呉服小学校〉

▲▶**呉服小学校、音楽堂がオープン**　上の写真、この年できた音楽堂外観。右の写真は、落成記念音楽会「音楽物語劇　ピーターとおおかみ」。同校の吹奏楽部は昭和 23 年以来の伝統を持ち、「アマチュアトップコンサート」や「3000 人の吹奏楽」に毎回出場していた。今も「3000 人」には出ている。〈姫室町・昭和 43 年・提供＝呉服小学校〉

▲◀呉服小学校と大津市立長等《ながら》小学校の交歓会　昭和 30 年に呉服小学校が遠足で台風に遭い、長等小学校の体育館に避難させてもらったことに始まる交歓会。写真の年は 10 周年で、長等小児童が呉服小にやってきた。上の写真、吹奏楽で歓迎。左の写真、バスを見送る。〈姫室町・昭和 40 年・提供＝池田市〉

▶呉服小学校、放水下の避難訓練　避難訓練の際、消防署が防災指導に来ることがあるが、写真では避難中に放水を行っている。なぜ放水を？子どもらは走って逃げる。〈姫室町・昭和 40 年・提供＝池田市〉

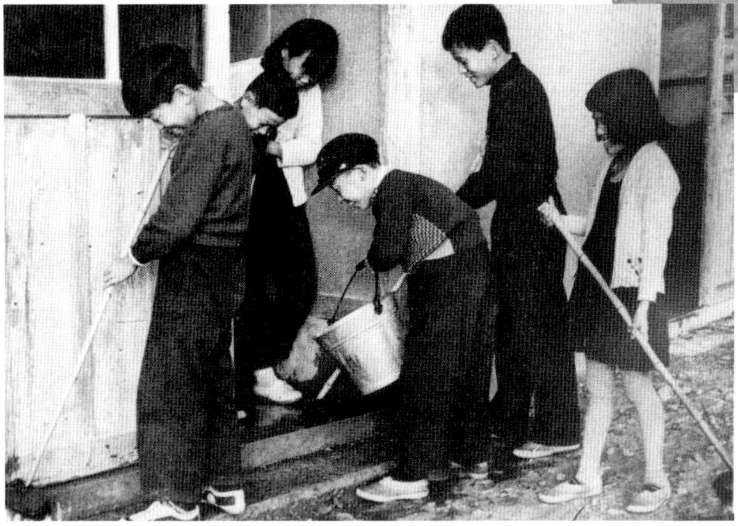

▲◀細河小学校、校門付近（上）と、掃除をする子どもたち（左） 上の写真、校門前の小橋に児童が並ぶ。国道 423 号に面する。奥に木造校舎。左の写真、その木造校舎を子どもたちが掃除する。同校は平成 27 年、ほそごう学園細郷小学校に併合。このあと鉄筋化された旧校舎は今も国道沿いにあるが、大半は今年、撤去される予定。〈中川原町・昭和 33 年・提供＝ほそごう学園〉

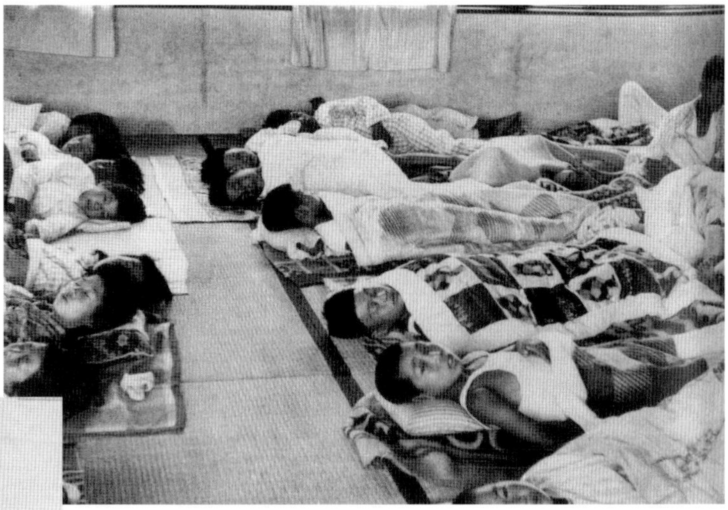

▶▼細河小学校、校内宿泊（右）と仮装行列（下」） 右の写真、畳の部屋があり、みんなで泊まった。下の写真は運動会。手前のプラカードには「勉強反対」、後ろのプラカードには「女性スリ株式会社」とある。〈中川原町・右＝昭和 35 年・提供＝ほそごう学園、下＝昭和 37 年・提供＝池田市〉

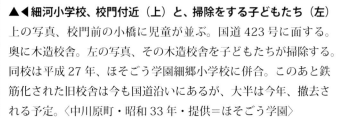

▲◀細河小学校の運動会　上の写真は女子のマスゲーム。左に校舎が写る。正面の講堂前には大きな忠魂碑が立っている。左の写真はラジオ体操か。上とは別角度で、周囲の民家なども見える。〈中川原町・昭和34年・提供＝ほそごう学園〉

▶伏尾台小学校と細河中学校　昭和55年開校の伏尾台小学校は、細河中学校の場所で、細河小学校と併合して細郷小学校となった。写真右奥に伏尾台小学校が、中央手前に細河中学校が写る。〈伏尾台・昭和58年・提供＝ほそごう学園〉

▶**石橋小学校の講堂と校舎**　同校は昭和28年の開校。右の講堂は30年に落成した。その左の中校舎と講堂に隠れた北校舎は、この年3月、不審火の被害に遭っている。〈井口堂・昭和35年・提供＝石橋小学校〉

▲**石橋小学校、プールとその周辺**　昭和31年にできたプールは、校地から北側に突き出した場所にあった。左右は農地で、奥に丘陵がある。〈井口堂・昭和35年・提供＝石橋小学校〉

◀**石橋小学校の運動会**　梯子をくぐる先生たち。梯子を押さえるのは児童。校舎沿いの保護者用スペースは、ぎっしりと人で埋まる。〈井口堂・昭和35年・提供＝石橋小学校〉

◀▲前池を埋めて石橋南小学校を建設　同校は昭和47年、カルピスの看板があったことから「カルピス池」と呼ばれていた前池を埋めて建てられた。左の写真、埋立て中の前池。上の写真、校舎ができていく。〈石橋・昭和46年・提供＝石橋南小学校〉

▶石橋南小学校、第2回運動会　同校は小学校1～4年生の児童でスタートした。写真の年には、まだ6年生はいない。阪急の線路沿いであり、右奥に電化柱が写る。〈石橋・昭和48年・提供＝堤洋一氏〉

▲五月丘小学校と五月ヶ丘団地（アルビス五月ヶ丘） 五月ヶ丘団地は昭和34年から37年にかけて入居が始まり、五月丘小学校はそのさなか、昭和35年に開校した。写真左上に団地の建物がある。右下、道の向かいは武田薬品工業の五月寮である。〈五月丘・昭和38年・提供＝五月丘小学校〉

▶▼五月丘小学校、新校舎への行進 同校は校舎のないまま、池田小学校の一部を借りて開校した。新校舎の地鎮祭は開校後、移転は翌年1月になった。右の写真は竣工した新校舎。下の写真、先生、児童が新校舎へと行進する。〈五月丘・昭和36年・提供＝五月丘小学校〉

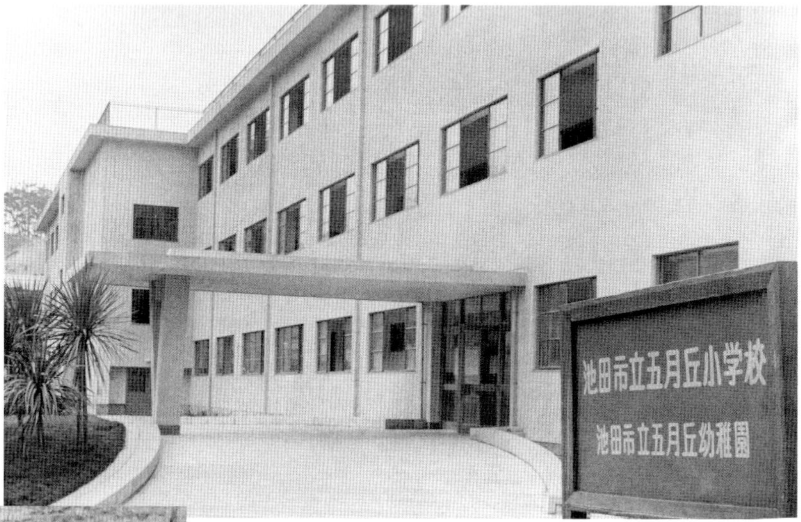

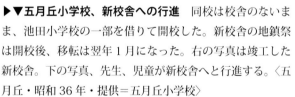

▶緑丘小学校の校舎と校門　写真左手に校舎、右手に体育館。左下に校門が写る。同校は昭和 51 年、秦野小学校から 1 〜 5 年生を分離して開校した。創立 5 周年のこの年には、校旗が作製されている。〈緑丘・昭和 56 年・提供＝緑丘小学校〉

▲緑丘小学校の運動会　校庭にびっしりと児童。大きな紅白の玉を頭上で渡していく。周囲では保護者が立って見守る。右端に緑ケ丘団地（アルビス緑丘）の建物が写る。〈緑丘・昭和 55 年・提供＝緑丘小学校〉

◀緑丘小学校のアスレチック施設　この年 3 月に校庭南西角にできた「緑っ子ランド 81」のオープン時の写真だと思われる。背広を来た校長先生がタイヤの埋まった築山に立って、児童たちに話しかける。〈緑丘・昭和 56 年・提供＝緑丘小学校〉

◀神田小学校、プール開きの風船　神田小学校はこの年、1～4年生で開校した。プール開きに風船を空に放つ。校舎屋上からも児童が見下ろす。〈神田・昭和53年・提供＝神田小学校〉

▶神田小学校の運動会　グラウンドに広がる児童。右端上部に中国自動車道が少しのぞく。〈神田・昭和59年・提供＝神田小学校〉

◀神田小学校周辺　上が北。開校まもない頃の同校が中央にある。南側は中国自動車道に区切られているが、まだ周辺は農地も多い。上段写真のプールは今も校舎北側にある。〈神田・昭和54年・提供＝神田小学校〉

フォトコラム　池田の幼稚園

日本の幼児保育史上に大きな足跡を残した橋詰良一は、子どもたちを自然の中で育て、子ども同士が自由に遊ぶことが大切であると提唱し、大正十一年（一九二二）から十四年にかけて、大阪近郊に「家なき幼稚園」を七園つくった。その最初の幼稚園は、呉服の森に開園した池田いえなき幼稚園（室町幼稚園）であった。

家なき幼稚園につぐ古い幼稚園は、大正十四年に池田尋常高等小学校の中に併設された池田幼稚園であった。子どもたちは、白いエプロンをつけて登園した。園庭は屋外遊技場とよばれ、太鼓橋・すべり台・シーソー、そして木製のタンクや積み木などの遊具があった。保育や遊びの中に軍国主義が現れていた。戦前の公立幼稚園は、池田幼稚園と呉服幼稚園の二園のみであった。

私立では北豊島村の東市場幼稚園（昭和六年）、池田町に日本基督教会池田教会の附属幼稚園（昭和十年）の開園があった。

戦後になると公私立とも幼稚園が続々と誕生した。市立幼稚園を開園順に記すと、細河幼稚園（昭和二十三年）・秦野幼稚園（二十五年）・石橋幼稚園（二十八年）・北豊島幼稚園（二十九年）・五月丘幼稚園（三十六年）・石橋南幼稚園（四十七年）・緑丘幼稚園（五十二年）・神田幼稚園（五十四年）・伏尾台幼稚園（五十五年）であった。

各幼稚園は開園当時、隣接する小学校の校長が園長を兼務していたが、昭和四十九年度から専任の園長となった。また一小学校に一幼稚園という充実した幼児教育・幼小連携の制度がつくられた。さらに五歳児の入園希望は全員収容を目指し、昭和四十一年度から保育料を無料にして全国的に注目された。

私立幼稚園は、亀之森幼稚園（昭和二十二年）、石橋幼稚園（二十三年、のちに石橋文化幼稚園に改称）、池田旭丘幼稚園（四十一年）・カトリック聖マリア幼稚園（同）が開園した。しかし二十一世紀に入ると池田市も少子高齢化が顕著になり、平成十六年度から市立だった十一幼稚園が四幼稚園と一民営化幼稚園に再編整備されたことは淋しい限りである。

▲池田幼稚園、遊具のところで記念写真　手前にすべり台。奥に太鼓橋のような遊具。撮影用に並べたように見える。エプロン着用の男の子たちが、ずらりと並んで写真に収まる。〈大和町・昭和12年・提供＝池田市教育委員会〉

▲▶池田幼稚園、女子教室（上）と男子教室（右） 同じ園舎だが、教室は男女で分かれていた。上の写真には女の子が、右の写真には男の子が写る。男の子たちはお食事中。〈大和町・上＝昭和７年、右＝昭和６年・提供＝池田市教育委員会〉

◀池田幼稚園、タンクに乗って この写真では、男女がいっしょに写る。女の子もタンクに乗る。先生は着物。女の子は着物とスカートが混在。〈大和町・昭和２年・提供＝池田市教育委員会〉

▲池田幼稚園の運動会①　池田小学校との合同運動会。小学校の校庭で「松ぼっくり」を歌い踊る。奥で見守る小学生。「松ぼっくり」の歌は昭和11年、小学1年生の書いた歌詞に、先生が曲を付けて生まれたという。〈大和町・昭和24年・提供＝池田市教育委員会〉

▶▼池田幼稚園の運動会②　右の写真、入場門に「講和記念」とある。サンフランシスコでの講和会議はこの年9月。下の写真、お母さん方によるスプーンレース。みな和服に下駄で走る。〈大和町・昭和26年・提供＝池田市教育委員会〉

▶**秦野幼稚園、お弁当の時間**　アルマイトのお弁当箱の蓋を開け、エプロン姿の園児たち。「いただきます」は、まだかな。先生が薬缶からお茶を注ぐ。〈畑・昭和26年頃・提供＝奥村薫氏〉

◀**秦野幼稚園、園の門の前で**　秦野幼稚園は、秦野小学校の、道をはさんだ向かい側にあった（213ページ上段参照）。園の門柱にはなぜか「GRAMMAR SCHOOL」と掲げる。〈畑・昭和26年頃・提供＝亀井真人氏〉

▲◀細河幼稚園、夏（上）と冬（左）の制服　同園ではこの頃には、エプロンではなく、上だけだが制服があった。上の写真は夏服。スモックではなく、襟がある。左の写真は冬服。制帽もかぶる。〈木部町・昭和34年・提供＝東平早苗氏〉

▶五月丘幼稚園の修了式　上下制服・制帽の園児が、着物姿のお母さんたちと出てくる。同園は昭和36年から五月丘小学校に間借りしていたが、昭和37年になって隣接地に独立した園舎を持った。〈五月丘・昭和41年・提供＝五月丘小学校〉

▲家なき幼稚園（上）から室町幼稚園（右）へ　大正 11 年創設の家なき幼稚園は、子どもを建物から開放して育てることを理念とし、呉服神社境内を借りてスタートした。その後の池田自然幼稚園時代を経て、昭和 15 年、園舎を改築し、園の名も室町幼稚園と改めた。〈室町・上＝大正末～昭和初、右＝昭和 33 年頃・提供＝室町幼稚園〉

◀室町幼稚園、教室で人形劇　人形劇用のステージを組んで、園児が片手人形を操る。発表会だろうか、参観の保護者が窓際に並ぶ。〈室町・昭和 30 年前後・提供＝室町幼稚園〉

▲亀之森幼稚園、住吉神社境内の園舎　中央奥から右に、住吉神社の社殿。奥左に幼稚園の園舎。亀之森幼稚園は戦後、住吉神社が氏子の子どもたちを預かったことからスタートしており、当初は神社境内が園庭だった。〈住吉・昭和20年代・提供＝亀之森幼稚園〉

▲◀亀之森幼稚園、米軍払い下げの園舎　上の写真は園舎外観。左の写真は園舎内部。昭和22年開園の同園は、物資不足の時代に、米軍の仮設兵舎の払い下げを受けて園舎とした。〈住吉・上＝昭和28年・提供＝宮之前町会、左＝昭和35年・提供＝亀之森幼稚園〉

▲◀カトリック聖マリア幼稚園（上）と、池田教会幼稚園（左） 上の写真、カトリック聖マリア幼稚園は昭和 41 年、カトリック池田教会に接して建った。左の写真、池田教会幼稚園は昭和 10 年の開設。呉服町にあった。〈上＝満寿美町・昭和 45 年・提供＝安黒公二氏／左＝呉服町・昭和 15 年頃・提供＝好川清子氏〉

▶東市場幼稚園の運動会 瓦屋根の校舎の前、狭い園庭で運動会。今はない東市場幼稚園は、地名を冠しているが、私立の幼稚園。昭和 6 年の創立である。〈天神・昭和 35 年頃・提供＝中村知弘氏〉

10 懐かしの学び舎

戦後、教育改革により新しく中学校をつくらなければならなかった。困ったのは、どの場所に中学校を建設するかであった。幸いなことに池田師範学校が城南に移転した跡地に昭和国民学校（小学校高等科）があったので、その校舎を使って昭和二十二年四月、池田中学校が現在地に開校した。

続いて翌年、府市合同庁舎の所にあった池田技芸女学校跡の校舎を利用して、城南中学校が開校した。のち、昭和二十七年に同校は校舎を現在地に新築・移転し、校名を北豊島中学校と変更して今日に至っている。移転した木造校舎の頃は周りが田んぼであり、カエルがよく鳴き「カエルの学校」と呼ばれていた。

渋谷中学校は、現在地にダイハツ渋谷寮があり、その寮を譲り受けて昭和二十三年に開校した。開校当時は運動場がなかったので、周囲の畑をアメリカ軍の援助によってブルドーザーで整地したという。昔からの大谷池はそのままグランドの一角に残った。

長い間、市立中学校は右記三校であったが、生徒数の増加で昭和五十三年に石橋中学校、同五十七年には伏尾台に細河中学校が開校した。

渋谷高校の前身は、大正六年（一九一七）に池田町立手芸女学校として開校した。その後、技芸女学校、女子商業学校、高等女学校と校名を変え、昭和二十三年四月、新学制実施に伴い男女共学の池田市立高等学校となった。同校は長い間、城南の地、現在の府市合同庁舎の場所にあったが、同年、上渋谷の渋谷中学校と同じ所に移転した。さらにその後、昭和三十八年に緑丘の新校舎（現緑丘小学校）に移転し、昭和五十年に市立から府立への移管により、畑四丁目の新校舎に移転した。創立五度目の移転となり今日に至っている。平成二年、甲子園の第七十二回全国高校野球選手権大会への初出場は、同校野球部の輝かしい記録である。

府立園芸高校も古い歴史をもつ。大正四年に豊能郡立農林学校として秦野村鉢塚にて開校。のちに農商学校、府立園芸学校。昭和十七年に秦野地区（現府立池田高校の地）から現在地に移転完了した。新校舎の敷地は約十一ヘクタールもあり、広い実習地もつくられた。昭和二十三年に府立園芸高校と改称し今日に至る。

宣真高校は、大正十年に現在地に開校し今日に至っている。真言宗教団の援助でできた女子校であり、二〇二〇年に創立百周年を迎える。

この章では各学校の懐かしい校舎や学校行事等を、おもに卒業アルバム等から選んだ。

▲北豊島中学校、生花部の部活動　木造校舎に木の机。壁のヒビが補修されている。着物姿の先生が水盤でお手本を見せる。〈豊島北・昭和 23 年・提供＝北豊島中学校〉

▲市立池田中学校、東京オリンピック記念の人文字　東京オリンピック開催を記念して学校で人文字を描くのは一種の流行で、多くの学校が行った。絵柄は五輪に関係なく、校章である。校舎前に左ページ上段写真にある前庭が写る。〈上池田・昭和 39 年・提供＝池田中学校〉

▶池田中学校、第 3 回体育祭の入場門　同校は市内で最初にできた新制中学で、昭和 22 年の開校。翌年には渋谷中学校と城南中学校（北豊島中学校）が開校している。その翌年の体育祭である。〈上池田・昭和 24 年・提供＝池田中学校〉

▲▶池田中学校、入学式前の前庭　噴水のある玄関前庭に、生徒と保護者が滞留する。上の写真、池を囲むようにしているのは、順番待ちの行列だからだろうか。右の写真は玄関側。お母さん方は和服が多い。〈上池田・昭和 40 年・提供＝池田中学校〉

▲池田中学校、桜花が見下ろす校庭　校舎と校庭では地面に高低差があり、高い校舎側の縁に植えられた桜が、校庭を見下ろす。野球部の練習が行われているようだ〈上池田・昭和 38 年・提供＝池田中学校〉

▲◀城南中学校（北豊島中学校）、校門と校舎　城南中学校は昭和23年に開校。当初は現市庁舎の所にあった市立高等女学校（渋谷高校）の校舎を使っていたが、昭和27年の6月に移転して北豊島中学校と改称した。上の写真、校門の向こうに校舎が見える。左の写真は校舎のアップ。〈城南・上＝昭和23年、左＝昭和27年頃・提供＝北豊島中学校〉

▼◀北豊島中学校、校名はローマ字で　下の写真、現在地に移転して改名した北豊島中学校の、校舎と玄関付近。この頃の地名は「神田町」である。左の写真にあるように、玄関の上に大きくローマ字で校名を掲げた。〈豊島北・下＝昭和29年、左＝昭和28年・提供＝北豊島中学校〉

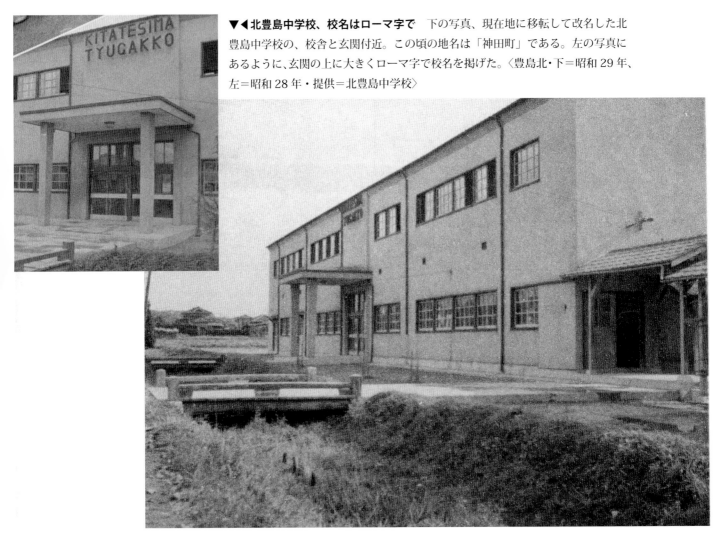

▲▶北豊島中学校の体育祭　上の写真、扇子を両手に応援が盛り上がる。女子生徒は白スカート。右の写真、藁の筒を巻いて飛び跳ねる。〈豊島北・上＝昭和 30 年、右＝昭和 28 年・提供＝北豊島中学校〉

▼北豊島中学校、建増しに次ぐ建増し　この頃、生徒数が急激に増加し、同校は昭和 44 年、45 年と、立続けに新しく鉄筋校舎を建てる。卒業アルバムにも、建増しのようすが残された。〈豊島北・昭和 45 年・提供＝北豊島中学校〉

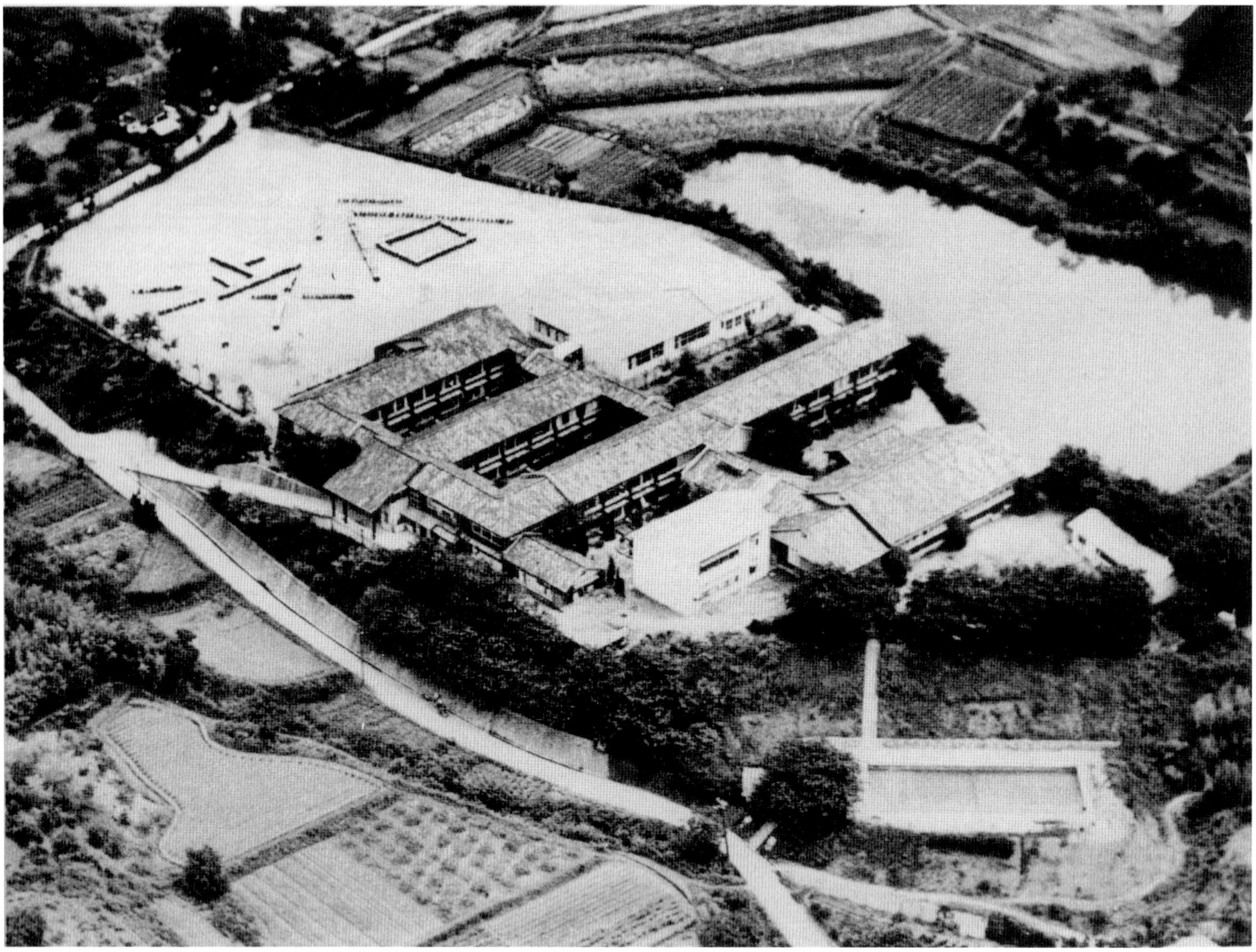

▲◀田園に包まれた渋谷中学校　上の写真は空から、左の写真は地上から、昭和30年頃の同校と周辺を写す。校舎は運動場の南側にあった。この頃はまだ、市立だった渋谷高校と併設。〈五月丘・上＝昭和32年、左＝昭和30年・提供＝渋谷中学校〉

▶渋谷中学校、開設2年目の生徒たち　机が写っておらず、生徒会のようなものらしい。壇上にも生徒。男女は分かれて座っている。同校と渋谷高校は、発動機製造（ダイハツ）の寮を市が買取って開校した。〈五月丘・昭和24年・提供＝渋谷中学校〉

▲◀渋谷中学校の体育祭　上の写真は男子のパン食い競争。生徒たちは裸足である。左の写真は同じ年の、女子の群舞。こちらは靴を履いているようだ。〈五月丘・昭和 26 年・提供＝渋谷中学校〉

▲渋谷中学校の新旧校舎　手前左に新校舎。右奥には旧校舎の瓦屋根が並ぶ。前年からこの翌年までかけて、同校は校舎を整備した。左奥の体育館は校舎整備の直前、昭和 33 年に竣工した。〈五月丘・昭和 35 年・提供＝渋谷中学校〉

◀▲石橋中学校、増築工事（左）と完成した校舎（上） 石橋中学校は昭和53年、1年生だけで開校した。翌年に左の写真の工事を行い、3年かけて3年生までいる学校にしていった。〈井口堂・左＝昭和55年、上＝昭和57年・提供＝石橋中学校〉

▶石橋中学校の避難訓練 バルコニーや渡り廊下に生徒が鈴なり。4階から斜めに渡した救助袋の中を、一人だけすべり降りてくる。校舎が高階化し生徒数が拡大すると、一斉に避難するのは大変。〈井口堂・昭和57年・提供＝石橋中学校〉

▲▶細河中学校、制服は夏服から　この年開校した細河中学校は、開校時に制服が定まっておらず、6月の夏服から制服に切替わった。上の写真、校舎をバックに、制服の生徒たち。右の写真は入学式の日。男子は詰襟だが、女子の服装はさまざま。〈伏尾台・昭和57年・提供＝ほそごう学園〉

◀開校年の細河中学校周辺　伏尾台3丁目東側と4丁目には、まだ家は立っていない。宅地右に同校。平成27年に閉校となり、小中一貫校・ほそごう学園細郷中学校に移行した。〈伏尾台・昭和57年・提供＝ほそごう学園〉

▲◀園芸学校（園芸高校）の校舎（上）と寄宿舎（左）
大正４年尊鉢（井口堂）に設置された郡立農林学校は、郡立農商学校を経て、この年府立園芸学校へと改組された。同時に、現在府立池田高校のある場所に移転した。〈旭丘・大正13年・提供＝園芸高校〉

◀園芸学校寄宿舎の学生たち　手前で火鉢にあたり、右奥で将棋。左側ではボードゲームに取組む。その後ろは撮影用にシーツのようなもので隠してある。なにがあるのだろうか。〈旭丘・昭和８年・提供＝園芸高校〉

▲園芸学校、盆景の実習　園芸学校では、生け花や造園も学ぶ。写真は盆景。盆の上に小さな風景を作り出す。明治末から大正期に一種の流行をみた。〈旭丘・大正 14 年・提供＝園芸高校〉

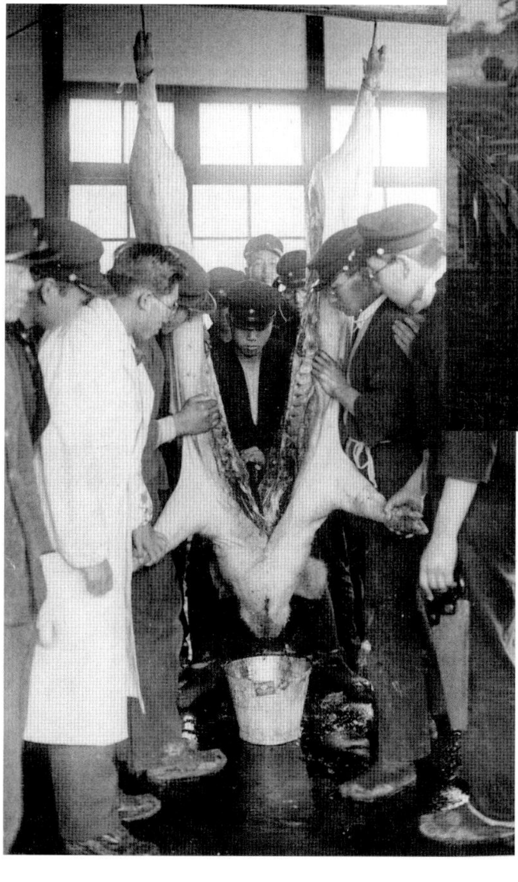

▲◀園芸学校、豚を飼い、豚をさばく　園芸の学校だが、畜産も教えられた。上の写真は豚の飼育場。左の写真、育てた豚を屠殺し、さばく。切り開かれた体内を、生徒たちが見つめる。〈旭丘・上＝昭和 2 年、左＝昭和 8 年・提供＝園芸高校〉

▲園芸学校（園芸高校）、開校 10 周年記念式　この年、園芸学校は開校 10 周年を祝った。写真は式のあとだろうか、今の中学生ぐらいの娘たちが団体で門を出ていく。〈旭丘・大正 14 年・提供＝園芸高校〉

▲◀園芸学校、秋期品評会　稔りの秋には品評会を開いた。売店前は黒山の人だかりで、上の写真は「オ客様少ナクナリタル時」を狙って撮った。左の写真、添書きに「テーブル・デコレーション」とある。〈旭丘・上＝昭和 12 年、左＝昭和 8 年・提供＝園芸高校〉

◀▲園芸学校の「黒ン坊大会」　この年現在地に移転した同校では、左の写真の「黒ン坊大会」が開かれた。日焼けを競う。大会までに日に焼けようと、上の写真のように田に立ち尽くす。〈八王寺・昭和16年・提供＝園芸高校〉

▲◀園芸学校（上）と園芸高校（左）の体育祭　上の写真は戦前。なぜか白衣を着てパン食い競争。一人一個ではなく、取合い。左の写真は戦後。女装の男子生徒も写るが、この頃には女生徒もいる。〈旭丘・上＝昭和14年、左＝昭和38年・提供＝園芸高校〉

◀▲宣真高等女学校（宣真高校）、校舎と校門　ともに東側から撮影。左の写真、左端の白壁の建物の右に上の写真の門がある。同校は大正10年に開校した。高等女学校は5年制で、現在の中学1年から高校2年にあたる。〈荘園・昭和2年・提供＝宣真高校〉

▶▼宣真高女、割烹教室（右）と洋裁教室（下）　右の写真、生徒は着物に割烹着。下の写真では洋装の制服を着用。この頃切替わったらしく、翌年からは洋装に定まる。下の写真、前の一列だけが足踏みミシンを使っている。〈荘園・昭和2年・提供＝宣真高校〉

▲▶宣真高女、ダンス（上）と給品部（右） 上の写真、制服でダンスを踊る。ピアノを弾く先生だけ和装である。右の写真、「購買部」とは呼ばず「給品部」といった。筆記具やノートが並ぶ。〈荘園・上＝昭和10年、右＝昭和4年・提供＝宣真高校〉

▶▲宣真高等女学校（宣真高校）、新講堂の落成式　右の写真の講堂が落成した。上の写真、大きなテントを張って落成記念式。講堂は式に使っていない。テントのほうが収容人員が多かったのだろうか。〈荘園・昭和 12 年・提供＝宣真高校〉

◀宣真高女「第 1 回陸上大運動会」　開校 5 年目にして、初めての大運動会。生徒たちはスカートをはいて玉入れをする。頭上には星条旗やユニオン・ジャックもひるがえる。〈荘園・大正 14 年・提供＝宣真高校〉

▲◀宣真高女の「學藝會」①　添書きに「學藝會」とある。上の写真はお芝居の最中。左の写真、扮装したまま記念撮影。看板は芝居の道具らしい。〈荘園・上＝昭和４年、左＝昭和３年・提供＝宣真高校〉

▶宣真高女の「學藝會」②　羽織を着た女性たちが向かう校舎入口の上に「學藝會」と額が掛かる。男性客は写真には写っていない。〈荘園・昭和３年・提供＝宣真高校〉

◀宣真高校の謝恩会　３月の撮影であり、手前の客席から、謝恩会だと思われる。壇上にはエレキバンド。この頃からグループサウンズが大流行するが、学校への登場としては、かなり早い。〈荘園・昭和41年・提供＝宣真高校〉

▲旧制池田中学校（府立池田高校）、校舎と生徒たち　昭和15年開校の第十六中学校は、翌年池田中学校と改称し、園芸学校（園芸高校）跡の現在地に移転してきた。剣道の防具を簡易にしたような装備の学生たちの野試合。校舎の前に奉安殿が写る。〈旭丘・昭和16年頃・提供＝池田高校〉

▲◀池田高校、戦後の校舎　旧制池田中学校の東側の校舎群は、敗戦の年、空襲により焼失。上の写真の西側の校舎は残り、敗戦翌年には東側に復興校舎が建てられた。昭和23年に新制高校に移行するも、次の年、左の写真に見る火災により、同校は再度校舎を失う。昭和25年になって、戦後2度目の新校舎が建てられた。〈旭丘・上＝昭和23年、左＝昭和24年・提供＝池田高校〉

▶池田高校の校内食堂　左に裸電球が下がる。タイミングの問題だろうか、女生徒が圧倒的に多い。この食堂は疎開で空き家になった民家を移築したもので、今の承風会館の奥の空き地に位置していた。〈旭丘・昭和32年・提供＝池田高校〉

◀▼池田高校、文化祭の熱気球（左）と櫓（下）　左の写真、同校の文化祭では、昭和51年から63年にかけて、年によって熱気球を上げている。下の写真には、盆踊りの櫓のようなものが写る。写真はジェンカを踊っているようだが、盆踊りもあった。〈旭丘・昭和53年・提供＝池田高校〉

▲◀手芸学校（渋谷高校）、室町（槻木町）時代　同じ建物が写る。左の写真、手芸学校は大正６年、室町の池田第二尋常高等小学校（池田小学校）に併設されて開校した。大正８年、第二小学校は池田尋常高等小学校に改名。上の写真は改名以後のものである。〈槻木町・上＝大正 11 年、左＝大正７年・提供＝渋谷高校〉

▲池田技芸女学校（渋谷高校）、大和町時代　大正 13 年、池田小学校は現在地に移転。ともに移転した併設の手芸学校は池田技芸女学校と改名した。下の写真は移転後の校門と校舎。右の写真は割烹の授業。〈大和町・下＝大正 13 年、右＝昭和３年・提供＝渋谷高校〉

▲池田市立高校（渋谷高校）、上渋谷町（五月丘）時代　昭和11年、池田技芸女学校は火災で校舎を失い、三笠（城南）に移転。その後女子商業学校、高等女学校を経て昭和23年、新制池田市立高校となり、上渋谷町に移転。今度は渋谷中学校と併設となった。渋谷中学校は、現在も当時の場所にある。〈五月丘・昭和25年・提供＝渋谷高校〉

▶▼市立渋谷高校、男女共学に　現在の渋谷中学校の場所に移った池田市立高校は、当初は女子校のままだった。昭和25年に池田市立渋谷高校と改称し、翌年から共学に。右の写真は共学以前。女子ばかりの教室で「貫一・お宮」を演じる。下の写真は共学初年度。討論会のテーマは「男女共学について」。〈五月丘・右＝昭和25年、下＝昭和26年・提供＝渋谷高校〉

▶▲市立渋谷高校、上渋谷町（五月丘）の校舎　右の写真、市立であり渋谷中学校と併設だった頃の渋谷高校の校舎の一部は、清水の舞台のように木組の上に張り出していた。校門から校舎までは、上の写真のような坂道。この坂道は現在も渋谷中学校西側にある。〈五月丘・上＝昭和30年、右＝昭和26年・提供＝渋谷高校〉

◀市立渋谷高校、文化祭のファッションショー　手芸学校以来の伝統の力というべきか、文化祭でファッションショー。洋裁だけでなく、右端は着物姿。〈五月丘・昭和30年・提供＝渋谷高校〉

▲▶市立渋谷高校、緑丘へ移転　この年同校は渋谷中学校と離れ、緑丘の新校舎に移転した。手芸学校以来の、初めての独立校地。現在の緑丘小学校の場所である。上の写真、プール側から校舎方向。右の写真は移転時。生徒が机を運ぶ。〈上＝緑丘、右＝五月丘・昭和 38 年・提供＝渋谷高校〉

▼◀市立渋谷高校生、駅前で赤十字募金　この頃渋谷高校の生徒たちは、石橋、池田両駅前で、毎年赤十字の一日募金活動をしていた。下の写真、学校から貸切りバスで駅前へ。左と左下の写真は、駅頭での募金のようす。〈左＝石橋、左下と下＝栄町・昭和 37 年・提供＝渋谷高校〉

▲▶**渋谷高校、府立となり畑地区へ移転**　この年、渋谷高校は府立に移管。遅れて12月に現在地に移転した。上の写真、7月にはまだ、校舎は骨組みを建築中。右の写真、この移転では生徒は机を運ばなかったらしい。〈上＝畑、右＝緑丘・昭和50年・提供＝渋谷高校〉

▲▶**池田北高校、校地（上）と校舎（右）**　伏尾台にあった池田北高校には、府立高校で唯一の音楽専門コースがあった。昭和59年に開校し、昨年・平成30年3月に閉校。渋谷高校に同校の記念室がある。〈伏尾台・昭和62年・提供＝渋谷高校〉

フォトコラム 大教大と附属学校

明治四十一年、現在の市立池田中学校の場所に、大阪府池田師範学校が開校する。これが池田の地と大阪教育大学および附属学校との、最初のつながりとなった。師範学校は男子校であり、生徒たちは学歴により十四歳か十七歳で入学し、十八歳か十九歳（時代による）で卒業して、公立小学校の先生になる。小学校での実習が義務づけられているため、実習の場となる附属小学校を持つ必要があった。

開校当初附属小学校を持たなかった池田師範学校には、翌年、すでに建石町にあった池田小学校から四学級が、附属小学校として割り当てられた。附属池田小学校の誕生である。だがその実態は「附属代用学級」であって、一般学級と併存する異常事態であったため、池田町は翌年池田第二小学校を建てて、一般学級はそちらに移した。附属学級のみとなった池田小学校は「池田第一小学校」と改名。大正八年には町から府に移管し、名実ともに「大阪府池田師範学校附属小学校」となった。

その後、日中戦争下の昭和十四年に附属小学校が、太平洋戦争下の同十七年には師範学校本体が、城南の新校舎に移転した。翌年、師範学校は官立（国立）に移管し、大阪第二師範学校（男子部）と改称。同十九年には勤労動員が始まって、生徒たちは労働にいそしみながら、本土決戦に備えることになった。そして敗戦――。

戦後、GHQによる学制改革により、戦時下に「附属国民学校」となっていた附属小学校の名称から「国民」の字が消えた。六・三・三制の導入により新制中学校が制度化され、附属池田小学校の高等科（現在の中学一〜二年）をベースにした附属池田中学校が、昭和二十二年、現在の池田城跡公園の場所に開校した。昭和二十四年、大阪第二師範学校は、新制大学・大阪学芸大学の池田分校へと改組された。

本土が独立を回復した次の年、昭和二十八年に附属池田小学校は現在地に移転した。跡地には昭和三十一年になって、附属高校池田校舎が開校した。附属高校は翌三十二年、附属池田中学校とともに現在地に移転する。ここにいたって、現在地に附属三校が揃うことになった。いっぽう、昭和四十二年に「大阪教育大」となった大学の池田分校は、平成四年に柏原市のキャンパスに統合されている。

▲大阪学芸大学（大阪教育大学）池田分校西門付近　戦前の池田師範学校、戦中の大阪第二師範学校を経て、昭和24年からは大阪学芸大学。昭和42年には大阪教育大学へと改称する。平成4年、柏原キャンパスに統合され、池田分校は廃止された。〈城南・昭和36年頃・提供＝池田市〉

▲◀池田師範学校（大阪教育大学）、上池田町時代の校舎　明治41年に字茶臼山（上池田）、現在の池田中学校の場所に開校した同校は、昭和17年、城南町の新校舎に移転した。写真は旧校舎を、惜別の思いで撮影。附属小学校はこれに先立ち、昭和14年に城南町に引っ越している。〈上池田・昭和17年・提供＝附属池田小学校〉

▶▼池田師範学校の学生たち　右の写真、寮生たちが喫茶室のカウンターに集まる。左側に「ホットコーヒー」「ゼンザイ」などの貼紙。下の写真、添書きに「印刷局」とあり、ガリ版でなにか刷っている。〈上池田・昭和7年・提供＝附属池田小学校〉

▲◀附属池田小学校、建石町時代の校舎と校庭　建石町にあった池田小学校の校地と建物は、明治 42 年、町立のまま、池田師範学校の附属学級だけを収めた池田第一小学校となった。大正 8 年には附属池田小学校に改組。写真、校庭は長い階段の下に、校舎は階段の上にあったことを示す。〈建石町・昭和 9 年・提供＝附属池田小学校〉

▶▼附属池田小学校、創立周年記念行事　右の写真は創立 20 周年の展示。下の写真は創立 25 周年の校門付近。周年は附属小学校ではなく師範学校の開校から数えており、附属小学校の周年としては 1 年早い。〈建石町・右＝昭和 3 年、下＝昭和 8 年・提供＝附属池田小学校〉

▲▶池田師範学校（大阪教育大学）、新校舎への引越し　同校は昭和 17 年、256 ページ上段写真にある上池田の旧校舎から、このページ上段写真の城南町の新校舎へと引っ越した。上の写真、学生たちが大八車で荷物を運ぶ。右の写真、先に移転していた附属小学校の児童が、お手伝い。〈上＝上池田、右＝城南付近・昭和 17 年・提供＝附属池田小学校〉

▶▲**池田師範学校（大阪教育大学）、城南町の新校舎**　移転の年の撮影。右の写真、まだ建設中の建物と、整地が終わっていないグラウンドが写る。上の写真は新校舎遠景。現在の市立池田病院付近だが、当時は田園地帯。〈城南・昭和 17 年・提供＝附属池田小学校〉

▲◀**附属池田中学校、城山町の校舎（上）と橋（左）**　附属池田中学校は昭和 22 年、池田城址、現在の池田城跡公園の場所に開校した。それ以前、ここには府立海外商業学校があった。上の写真はグラウンドから見た校舎。左の写真、学校には橋を渡って入った。〈城山町・昭和 24 年・提供＝坂井靖夫氏、附属池田中学校〉

▲◀附属池田小中学校、下渋谷町（緑丘）へ　附属池田小学校は昭和28年に、現在地に移転した。上の写真、移転前の用地。陸軍造兵廠の建物が残る。附属池田中学校は昭和32年、創立10周年の年に移った。左の写真、10周年記念行事のうち、「芸能祭」は附属小学校の講堂を使って行われている。〈緑丘・上＝昭和27年頃・提供＝附属池田小学校、左＝昭和32年・提供＝附属池田中学校〉

▲附属高校池田校舎も開校　昭和31年、城南町に創立された附属高校池田校舎は、翌年、城山町の附属池田中学校跡に移り、同年さらに現在地へと引っ越した。写真は城南町の大学分校と、附属小中高3校を写す。〈城南～緑丘・昭和33年・提供＝附属池田小学校〉

協力者および資料提供者

（敬称略・順不同）

安黒　公二（HAIR DANK）
安楽　江里子
家木　幸治
石田　晶大
伊藤　悦子
植村　ヨシ子（植村家具店）
宇野　伸一
浦部　勝（有限会社養庄園）
大野　左千夫
奥村　薫
尾崎　敏
小田　康徳
亀井　真人
川村　三津
岸添　佳世子
北村　芙佐子
小林　直美
坂井　靖夫
篠崎　純士
渋川　治夫
白石　節子
菅原　和子
高見　彰彦
谷向　晴男
辻　泰子
堤　洋一（タローパン）

東平　早苗
土岐　滝生（株式会社エコプライム）
戸田　洋（有限会社テシリ）
主原　稔也
富田　好久
中井　輝雄
中岡　嘉弘
中村　知弘
能登　宏之
平田　明子（平田書籍店）
前川　吉晴（OCM プランナー）
前田　忠彦
松田　美沙子
溝口　正孝（株式会社富士華園）
室田　卓雄
森本　元
好川　清子（池田青果株式会社）

甲川正文堂
寿印刷株式会社
とよす株式会社
日清食品ホールディングス株式会社
株式会社リコー

呉服神社
住吉神社
慈恩寺
常福寺
佛日寺
宮ノ前町会
大阪府池田土木事務所

亀之森幼稚園
室町幼稚園

宣真高等学校
大阪府立池田高等学校・承風会
大阪府立園芸高等学校
大阪府立渋谷高等学校
大阪教育大学附属池田小学校
大阪教育大学附属池田中学校

池田市立小中学校
池田小学校
秦野小学校
北豊島小学校
呉服小学校
石橋小学校
五月丘小学校
石橋南小学校
緑丘小学校
神田小学校
池田中学校
渋谷中学校
北豊島中学校
石橋中学校
ほそごう学園

池田市役所市長公室秘書・広報課
池田市教育委員会教育部生涯学習推進課
池田市教育委員会教育部歴史民俗資料館
池田市教育委員会管理部総務・学務課

このほか多くの方々から資料提供やご教示をいただきました。謹んで御礼申し上げます。

おもな参考文献

（順不同）

『新修池田市史』　池田市／第一巻（平成九年）・第三巻（平成二一年）・第四巻（平成二三年）・第五巻（平成一〇年）・別巻（平成二四年）
『新版池田市史』概説篇　大阪府池田市役所（昭和四六年）
『池田郷土研究』　池田郷土史学会／第四号（昭和五二年）・第二〇号（平成三〇年）
『池田歴史散歩』　室田卓雄　いけだ市民文化振興財団（平成一一年）
『池田歴史探訪』　中岡嘉弘（平成一八年）
『創立四〇周年記念誌』　池田市商会連合会（平成元年）
『昭和初期の池田―街並みを復元して―』　池田の町並み復元グループ（平成七年）
『昭和初期の池田　子ども物語』　池田子ども物語の会（平成一二年）
『大阪府全商工住宅案内図帳　池田市』　住宅協会出版部（昭和四三年）
『精密住宅地図　池田市』　吉田地図株式会社（昭和四九年・昭和五四年）
『歩み―池田市政と共に二五年―』　奥村靖一（昭和五三年）
『創立六五周年記念誌』　池田市立池田幼稚園（平成二年）
『創立八〇周年記念誌』　大阪府立渋谷高等学校（平成九年）
『創立八〇周年記念誌』　大阪府立園芸高等学校（平成七年）
『阪神急行電鐵二十五年史』　阪神急行電鐵（昭和七年）
『魔法のラーメン発明物語　私の履歴書』　安藤百福　日本経済新聞社（平成一四年）

このほかに池田市のものをはじめとする各種ウェブサイト、広報誌、学校史等を参考にさせていただきました。

写真取材を終えて

取材を始めてかなり経っても、池田市の市域をどう把握すればいいか分からなかった。池田市は、他市に比べて広いわけではないけれど、その全体を把握しようとすると、うまく全体が描けない。池田市の中心は、どこだろう？　取材で各所を訪問し、写真を集めながら、そんなことを思っていた。

だれもが知る場所は、阪急の駅周辺である。しかし、最も繁華な池田駅周辺は市の西の端にあり、そこからは川西市に渡る橋が架かる。石橋駅は市域の東の端にあり、豊中市、箕面市との境界に位置する。

けっきょく、市街を円で捉え、両駅周辺は、中心というより「円周上の二点」だとすることで、ある落ち着きを得ることができた。

この円の円周は、池田駅に発して北へ向かい、五月山の麓をグルッと回って、石橋駅に到る。これで半周である。もう半周は石橋駅から南西に向かい、住吉神社付近で中国自動車道に沿って曲がったあと、北西に向かって池田駅に到る。円の外側、南西にはダイハツ町や空港が広がり、円の西端から北へ延びた太い腕として、旧細河村地区がある。池田駅と石橋駅を結ぶ阪急は、円の直径である。

こういう「円と、そこから生えた腕」という図式を得てからは、訪問先や写真を、その図式の中で把握できるようになった。本書をご覧になると、この図式の影響を、随所に感じられることと思う。

取材にあたっては、市と教育委員会に大変なご協力をいただいた。監修の両先生には非常なお力添えを得た。また、非常にたくさんの方々にご協力をいただいたので個人名は挙げにくいけれど、以下のお二方の名はとくにここに挙げる。森本元氏からは、ご自分で編んだ、そのまま冊子にできるような呉服座のアルバムのご提供をいただいた。第二章コラムの写真は、そのダイジェストである。中井輝雄氏は、昭和四十年代、その当時すでに「古くて懐かしいもの」と化していた風景や建物を大量に撮影し、きれいに整理しておられた。これは「懐かしい池田」の、一種の骨格になった。その他の方々については、書ききれなくて申し訳ない。こうして一冊の本になりました。ありがとうございました。

平成三十一年一月

樹林舎

取材、執筆
魚守淳（jellyfish）
編集、制作、企画販売
山田恭幹

写真アルバム　**池田市の昭和**

2019年1月31日　初版発行
発 行 者　山田恭幹
発 行 所　樹林舎
〒468-0052　名古屋市天白区井口1-1504-102
TEL: 052-801-3144　FAX: 052-801-3148
http://www.jurinsha.com/
発 売 元　大阪教科書株式会社
印　　刷　株式会社図書印刷

ISBN978-4-908436-30-7 C0021